안토니오 그람시

옥중수고와 혁명의 순교자

차례
Contents

토리노의 청년사회주의자

어린 시절

1977년 칸느 영화제에서 황금종려상을 수상한 「빠드레 빠드로네」라는 영화가 있다. '아버님 주인님' 쯤으로 번역되는 이 이탈리아 영화는 가비노 레다라는 실존인물의 자서전을 토대로 한 것이다.

영화의 배경은 이탈리아 남서부의 거칠고 메마른 섬 사르디니아다. 여기서 살고 있는 가난한 아이들은 매일같이 산꼭대기로 올라간다. 학교에서 글을 배우는 일보다 양을 치고 젖을 짜는 일이 더 중요하기 때문이다. 가비노도 예외가 아니어서 배움의 가치를 인정하지 않는 아버지의 반대로 학교에 가지 못하는 처지다. 몰래 학교에 갔다가 교실을 급습한 아버지를 보고 겁에 질려 오줌을 싸고, 아버지에게 가혹하게 구타당한다. 영화의 제목 그대로 아버지이자 주인님이었던 셈이다.

하지만 가비노의 인생은 전환기를 맞게 된다. 스물한 살이 되던 해에 아버지의 강요로 군에 입대해서 기술을 배우게 되는데, 사르디니아 사투리밖에 할 줄 모르는 그에게 한 동료가 표준어와 라틴어, 그리스어를 가르쳐주게 되면서 지식에 대한 가비노의 열정과 재능이 피어나게 된 것이다. 고향에 돌아온 그는 이미 과거의 가비노가 아니었고 아버지와의 권력관계도 예전과 같을 수 없었다. 가비노는 양치기를 거부하고 집을 떠나며 절규한다. "아버지는 내 주인이 아니에요. 이제 나는 내 삶을 살 거예요!" 이탈리아 본토로 간 그는 사르디니아 방언 연구로 언어학자가 되고 자신의 삶을 담담히 돌아보게 된다.

안토니오 그람시(Antonio Gramsci)와 가비노는 비슷한 점이 많다. 우선 사르디니아에서 비슷한 시기에 태어나고 자랐다는 점이 그러하고, 이탈리아의 계급적이고 지역적인 배경에서 비롯하는 사회 분할과 억압을 경험하였던 것이나 언어학에 남다른 관심을 가졌다는 점에서도 유사하다.

「빠드레 빠드로네」의 가비노는 그람시가 걸어갈 수도 있었던 또 하나의 인생이었을지도 모른다. 그러나 무엇보다 그람시에게는 가비노가 누릴 수 없었던 가족의 따뜻한 사랑과 보살핌이 있었다. 허약한 신체를 가졌던 그는 군에 가 있는 친형으로부터 급진 사상과 세계의 소식을 접하고 정치투쟁의 삶을 살기로 작정한다. 그러나 어쨌든, 가비노와 그람시가 만날 수 있었다면 너무도 큰 동질감을 느끼며 반가이 이야기를 나누었을 것만 같다. 이제 주인공 그람시의 이야기로 들어가 보자.

안토니오 그람시는 1891년 1월 22일 이탈리아의 큰 섬 사르디니아의 알레스라는 곳에서 태어났다. 이탈리아에 속해 있긴 해도 사르디니아는 긴 장화처럼 생긴 이탈리아 반도에서 장화의 발꿈치만치 서쪽으로 떨어져있는, 변방 중에서도 변방의 섬이다.

당시 사르디니아는 가난에 찌든 소작농 사회였지만 그람시의 집안은 비교적 여유 있는 알바니아인의 후손이었다. 알바니아계에는 가족의 성(姓)인 '그람시'라는 이름이 많다고 한다. 그람시의 할아버지는 부르봉 왕가의 헌병대 대령이었는데, 이탈리아 통일운동과정에서 나폴리 왕국이 무너지고 이탈리아 왕국으로 편입될 때까지도 이 계급을 유지하고 있었다.

그람시의 아버지는 나폴리 출신으로 변호사가 되려는 꿈을 포기하고 시골의 공무원으로 일했지만 지방에서는 흔한 말로 '배운 축'에 속했고, 여기에서 만난 그람시의 어머니 역시 보카치오를 읽을 정도로 당시로는 보기 드물게 지적 소양을 지닌 여성이었다.

안토니오 그람시는 7형제 중 넷째로 태어났다. '니노'라는 애칭으로 불린 그를 사람들은 잘생긴 얼굴에 밝은 금발의 곱슬머리를 가진 아이로 기억한다. 그러나 그것은 잠시 누렸던 근심 없는 어린 시절의 추억일 뿐이다. 네 살 때에 닥쳐왔던

불의의 사고로 그람시는 곱사등
이로 평생을 살아야 했다. 어느
날 집안의 하녀가 그람시를 실수
로 떨어뜨렸고 그 바람에 계단
아래로 굴러 떨어졌던 것이 문제
가 된 듯하다. 그 이후로 등이 조
금씩 굽기 시작하여 집안에서는

15세의 그람시.

이를 고치기 위해 그를 천장에 거꾸로 매달아 놓는 등 온갖
노력을 다했지만 아무 소용이 없었다. 그의 키는 죽을 때까지
152센티미터를 넘지 못했다.

이와 무관치 않게 그람시는 평생 이런저런 병치레를 거듭
했고 성장한 뒤에도 갖은 질병으로 괴로움을 당해야 했으며,
특히 어린 시절에는 신경성 질환으로 여러 차례 죽음의 위기
를 넘기기도 했다. 그래서인지 그람시의 어머니는 만약을 대
비해서 그가 스물다섯 살이 될 때까지 조그만 관과 수의로 쓸
흰 옷을 준비해 놓고 있었다고 한다.

그럼에도 그람시는 생기발랄한 호기심과 상상력, 쾌활한 기
질, 강한 의지를 가진 소년이었다. 격렬하고 거친 놀이를 같이
하지는 못했지만, 주변의 또래 아이들과 잘 어울렸고 독서와
소풍을 좋아하며 고슴도치와 도마뱀을 잡아 관찰하기를 즐겼
다. 어린 시절에 이웃이 남기고 간 『로빈슨 크루소』를 읽은 그
람시는 다음과 같이 행동하였다고 후에 회상하기도 했다. "외
출할 때마다 나는 초를 입힌 조그만 봉지에 곡물 씨앗과 성냥

을 싸서 주머니에 넣고 다녔다. 무인도에 표류하게 된다면 혼자 힘으로 살아가야 하기에 그 때에 대비하기 위함이었다."

사르디니아인으로 자라다

학교에 다니기 시작하면서부터 그람시는 내향적이고 진지해져서 홀로 있기를 좋아했고 금욕주의자가 되어 갔다. 어린 시절부터 남의 도움에 의지하기보다는 스스로 어려움을 이겨내려 했으며, 이로 인해 마음과 신체 그리고 감정을 통제하는 법을 터득하고 있었다. 그람시는 사회적인 고립과 불운에서 오는 감정의 에너지를 독서와 지적인 추구에 집요하게 쏟아부음으로써 보상받으려 했다.

이와 같은 성격의 원인으로는 신체적인 어려움 못지않게 아버지가 투옥된 일이 크게 작용하였다. 그람시의 아버지는 공금횡령의 혐의를 받아 구속되었는데, 그 사실 자체보다는 지방권력에 밉보인 탓이 컸다. 이는 이탈리아에 만연해 있었던 부패상을 반영하는 것으로, 당시에는 정치적 이합집산 속에서 반대당 편에 서는 일 자체가 너무나 쉽게 공격의 빌미가 되었다. 말하자면 그의 아버지는 시대에 비해 너무 순진했던 것이다.

가장의 부재 내지 무력화와 가난은 어린 그람시에게도 적지 않은 영향을 끼치게 되었다. 그람시의 어머니는 남편이 석방되는 1904년까지 혼자서 삯바느질과 텃밭에서 나오는 수입

어린 시절의 방.

만을 가지고 일곱 아이를 키워야 했다. 쓰다 버린 초의 토막을 모아 다시 쓸 만큼 극심한 가난 속에서 그람시도 한동안 학업을 중단하고 하루 10시간 이상의 노동을 하며 가계를 도와야 했다.

그람시가 민감하고 풍부한 지적·정서적인 능력을 갖게 된 또 다른 배경은 아마도 이탈리아 국가형성기 말미의 격동과 사르디니아의 지리적인 위치일 것이다. 무엇보다도 그는 사르디니아인으로서 정치적인 자각을 하기 시작했다.

그가 처음으로 사회주의에 관심을 갖게 된 것은 10대 중반 이후였다. 아버지가 석방된 이후에 그람시는 1908년에 칼리아리의 고등학교에 재입학할 수 있었다. 이곳에서 그람시는 그의 형 젠나로와 동거를 시작한다.

젠나로 그람시는 토리노에서 군생활을 하던 중 열렬한 사회주의자가 되어 있었기 때문에 그람시가 정치에 눈을 뜨는 데 적지 않은 역할을 했다. 젠나로는 몇 해 전부터 그에게 사회당의 팸플릿을 보내주고 있었다.

그람시가 13세 되던 해인 1904년에 사르디니아 섬의 한 광업지대에서 군대가 파업중인 노동자에게 발포하여 세 명을 사살한 사건이 일어났고 이후 수년간 광부와 농민들의 수많은 투쟁이 벌어졌다. 군대와 경찰은 이를 무자비하게 진압했고, 이 위기의 폭발은 사람들을 '사르디니아 민족주의'라는 기치 아래로 모이게 했다.

그람시가 관심을 갖게 된 최초의 사상도 이 사르디니아주의라는 대의였다. 이미 십여 년 전부터 사르디니아에서는 이탈리아 중앙정부로부터 벗어나 자치를 실현하고자 하는 열망이 섬을 뒤흔들고 있었고, 그람시는 "본토 놈들을 바닷물 속으로 처넣으라"는 구호 속에서 이탈리아 내의 분할과 갈등을 인식하기 시작했다. 아직 농민과 지주들, 광부들의 피폐함과 본토 정부의 억압 같은 것들을 통일적으로 바라보기는 어려웠지만 사르디니아를 휩쓴 운동에 참여하면서 그람시는 이 새로

유년 시절의
그람시.

9

운 상황에 대한 이해를 얻기 위해 역사책과 사회주의 문헌들을 열심히 읽기 시작했다.

이후 토리노에서 노동운동을 경험하면서 협소한 민족주의의 한계를 인식하게 되었지만, 당시의 경험으로 그람시는 항상 농민문제에 주의를 기울였고, 보다 일반적으로는 계급과 지역적인 특수성의 변증법에 남다른 관심을 갖게 되었다.

1911년 9월에 고등학교를 졸업한 그람시는 토리노 대학에 입학한다. 그곳에서 그는 역사언어학자 마테오 바르톨리, 단테 연구가인 움베르토 코스모 같은 교수들과 친교를 쌓으면서 언어학 교수로의 길을 진지하게 고려했다. 사르디니아 촌놈 그람시는 이제 한편으로 사회주의의 이상을 마음에 담고 또 한편으로 언어학자를 꿈꾸며 북부 토리노에 와 있었다.

동지들과의 만남

토리노는 이탈리아 북부의 신흥 공업도시로 노동계급운동이 비 온 뒤의 버섯처럼 성장하던 곳이었다. 그람시는 토리노를 러시아 노동운동에 비추어 '이탈리아의 페트로그라드'라고 불렀다. 토리노에는 피아트 자동차공장과 테일러 방식의 근대적인 생산공정에서 일하는 수천 명의 노동자들이 있었다. 토리노의 노동자들은 이미 1904년경부터 전투적인 가두시위를 감행했고, 1912년에 금속노동자들은 노동조합도 갖추지 않은 채 75일간의 파업투쟁을 전개하기도 했으며, 1913년에는 금

피아트 자동차 공장의 노동자 집회.

속노조(FIOM)의 지도 아래 93일간의 투쟁으로 상당한 승리를 쟁취했다. 그람시는 이러한 토리노 노동계급의 모습 속에서 북부산업자본가들을 위협할 수 있는 잠재력과 남부의 농민대중을 이끌 수 있는 가능성을 발견하게 된다.

물론 애초에 그람시를 토리노로 이끈 것은 정치라기보다는 학구열이었다. 언어학에 관심이 있었던 그는 그리스 문학, 역사학, 철학, 언어학, 법학을 전공과목으로 택했고 그중에서도 언어학을 첫 번째 전공으로 했다. 학문과 정치 모두를 열정적인 눈으로 바라보던 젊은 그람시는 여기서 학창시절의 친구이자 이후 가장 중요한 정치적인 동지가 될 사람들을 만나게 된다.

토리노의 그람시에게 가장 먼저 다가온 정치적인 동료이자 조언자는 안젤로 타스카였다. 그는 그람시와 동갑내기로 철도 노동자의 아들로 태어나 이미 사회당에서 활발히 활동하고 있

같은 사르디니아 출신이었던 그람시의 정치동료 톨리아티.

었다. 1912년 5월에 타스카는 그람시에게 "오늘은 나의 동료 학우이지만 기대하노니 내일은 나의 동료투사가 될 벗에게"라는 글귀를 넣은『전쟁과 평화』사본을 선물하기도 했다. 그람시가 사회당에 가입한 것도 그 해 12월에 타스카와 같은 건물에 살게 되었을 즈음으로 전해진다.

그람시와 같은 사르디니아 출신으로 토리노에서 학교 친구로 만나게 된 팔미로 톨리아티와 움베르토 테라치니 역시 그람시에게 너무도 중요한 사람들이다. 이들은 모두 그람시와 함께『신질서 Ordine Nuovo』를 만들고, 이후 이탈리아 공산당의 주역이 되기 때문이다.

사회당 언론에 기고하는 것으로 정치활동을 시작한 그람시는 1914년경에는 사회당 내의 '변혁적 좌파' 그룹에 속하게 되었다. 1915년에는 사회당의 일간지인『전진 Avanti!』의 토리노판 편집위원회에 합류하고 사회당의 지역주간지인 『민중의 외침 Il Grido del Popolo』에도 정기적으로 기고하는 등 활동의 영역을 넓혀 나간다. 이즈음 그람시가 다룬 주제들은 매우 다양해서 토리노의 사회와 정치생활의 여러 면모들, 토리노 노동계급과 파업운동, 제2인터내셔널의 짐머발트 회합과 반전(反戰)결의 같은 국제적인 문제들, 심도 깊은 문화비평에까지 걸쳐 있었다.

하지만 그람시의 생활은 경제적으로나 육체적으로나 밑바닥을 향하고 있었다. 어렵게 장학금을 따냈지만 그것으로는 추위와 배고픔을 충분히 견뎌낼 수가 없었다. 제때 식사를 하기도 어려웠고 여름재킷 하나로 겨울을 버텨야 할 때도 있었다. 건강이 좋지 않아 출석을 제대로 하지 못하다 보니 정학까지 당하였고, 신문에 기고하는 일도 계속할 수 없었다. 결국 1915년 4월에 치른 '이탈리아 문학3' 시험이 그의 마지막 학교시험이 되었다.

하지만 그 해 겨울에 그는 다시 일어났으며, 때맞춰 그의 관심은 학교에서 사회주의 정치로 옮겨 가 있었다. 사회주의는 개인적인 것까지 포함하여 그를 괴롭혀온 모든 문제들에 대한 해답을 제공해 주었다. 정치적인 욕구와 열망이 육체적인 난관을 잠재웠던 것일까? 1915~1916년은 혁명가 그람시가 탄생한 시기였다.

결국 여러 교수들의 격려, 언어학과 철학에 대한 관심과 재능에도 불구하고 그람시 인생의 시계추는 보다 뜨거운 정치활동의 현장으로 기울게 된 것이다.

자본에 반한 혁명

토리노의 그람시는 이론적인 탐구와 저술활동에 열정적으로 몰두했지만 아직 공식적으로 당조직에서 중요한 역할을 맡지는 않았다. 그런데 1917년은 그람시의 정치생애에 큰 전환점이 되었다. 러시아 혁명이 일어난 해이자 토리노에서도 거대한 프롤레타리아 봉기가 일어난 해이기 때문이다.

러시아 혁명의 상황과 성격이 외부에 제대로 알려지지 못하고 있던 1917년 12월에 그람시는 『전진』에 흥미로운 글을 기고하는데 그것이 「'자본'에 반한 혁명」이다. 여기서 '자본'이란 바로 칼 마르크스의 『자본 Das Kapital』을 말한다.

그람시에 의하면 마르크스는 발전한 선진 자본주의 국가에서 프롤레타리아 혁명이 발발한다고 말하였으나 후진 농업국가인 러시아에서 사회주의 혁명이 이루어졌으니 러시아 혁명은 마르크스의 『자본』의 주장에 거스르는 혁명이라는 것이다. 그렇다면 마르크스의 이론이 틀린 것인가? 아니면 러시아 혁명이 제대로 된 사회주의 혁명이 아닌가? 그람시는 이 두 의문을 모두 잠재우며 이를 오히려 마르크스 사상의 정수(精髓)를 드러내 보인 역사적인 현실로 이해해야 한다고 역설했다.

그람시는 혁명의 사건들이 이데올로기를 추월하며, 볼셰비키들은 역사유물론이 고정불변적인 철의 법칙이 아니라는 것을 보여주었다고 말했다. 진정한 마르크스주의적인 사고에서 조잡한 경제적인 요소들을 다루기보다는 역사 속에서 개인들과 집합적인 인간들의 의지가 더욱 중요하다는 것을 알아야 한다는 것이다. 그람시는 러시아 혁명 또한 계급투쟁과 민중의 각성이 혁명으로 이어진 것이므로 '사건의 정상적인 경로'를 벗어나지 않는다고 주장했다.

그람시가 정통 마르크스주의를 본격적으로 접하게 된 것은 1915년에 키엔탈, 1916년에 짐머발트에서 열린 반전 회합에서 전개된 레닌의 정치적인 주장들로부터였다. 이탈리아에서도 이미 마르크스주의 조류와 문헌들이 소개되었지만, 그람시는 이때부터 마르크스의 글을 정독하며 자신의 생각을 정리하기 시작했다.

「'자본'에 반한 혁명」은 그런 그람시가 마르크스에서 레닌으로 넘어가는 정치이론의 발전을 가장 먼저 간파했음을 보여준 글이다. 비록 그가 "제국주의의 약한 고리"에서 혁명이 먼저 발발할 수 있다는 레닌의 이론을 인용하고 있지는 않지만 멘셰비키나 제2인터내셔널의 기계적이고 자연발생적인 유물론을 비판하며 경제적이고 사회적인 상황에 개입할 수 있는 주체적 의지와 실천의 중요성을 피력하고자 했기 때문이다.

어쨌든 러시아 혁명의 충격은 노동자의 도시 토리노에 가장 먼저 밀어닥쳤다. 토리노에서는 이미 1917년 초에 식량부족과 물가상승으로 시위가 빈발했고, 전쟁에 대한 거부감도 다른 지역들보다 훨씬 강했다. 8월에 들어 빵 공급이 중단되자 노동자들은 자발적인 봉기를 일으켰고, 바리케이드를 설치하고 사흘 동안이나 계속되는 가두투쟁을 전개했다. 기관총과 탱크까지 동원된 진압 속에 노동자 50여 명이 사망했고, 천 명 가까운 노동자들이 투옥되거나 전쟁터로 보내졌다.

8월 봉기는 이처럼 토리노 노동자들의 혁명적인 열정과 실천을 보여주었지만, 동시에 이를 지도할 정치조직이 미비하다는 한계를 함께 드러내었다. 사회당과 사회주의 지도자들은 너무도 무력했던 것이다.

이러한 상황에서 러시아 혁명은 그람시와 같은 젊은 사회주의자들에게 중요한 메시지를 던져주었는데, 하나는 고도로 조직되고 규율 잡힌 혁명정당이 필요하다는 것이었고, 다른 하나는 러시아 소비에트에 조응할 새로운 프롤레타리아 권력기구를 어떻게 구성할 것인가 하는 관심이었다.

새로운 질서

공장평의회운동

이탈리아는 제1차세계대전에 참전하여 60만 명의 전사자를 낼 정도로 큰 희생을 치렀음에도 불구하고 전승국으로서의 이권은 거의 얻지 못했다. 참전시기부터 고조되었던 민중들의 불만은 경제적인 불안으로 더욱 고조되었고, 1919년 11월에 열린 전후 첫 선거에서 사회당은 "프롤레타리아 독재와 소비에트 수립"의 구호만 가지고도 득표의 1/3을 획득할 정도로 지지를 얻었다. 민중들의 좌경화는 사회당의 당원 수와 노동총동맹(CGIL)의 조합원 급증으로도 드러났다.

전쟁이 끝난 후에 진로를 모색하던 그람시와 그의 동료들

사회주의 문화비평 주간지
『신질서』.

은 이탈리아에서 적절한 사회주의 출판물이 존재하지 않는다
고 판단했다. 『전진』이 있었지만 문구로만 혁명을 이야기할
뿐 실제 방도에 대해서는 아무런 말도 하지 않았으며, 『사회
비평』은 개량주의적인 저널이었고 『소비에트』는 부르주아 정
치제도에 대해 불참을 주장하는 기권주의에 지나치게 경도되
어 있어 구체적인 실천에는 도움을 주지 못했다.

토리노의 『전진』 본부에 있다가 그람시의 사무실로 옮겨온
사람들은 1919년 5월 1일 타스카, 톨리아티, 테라치니 등과
'사회주의 문화비평' 주간지로 『신질서 L'Ordine Nuovo』를 창
간했다. 이 저널은 두 가지 이유로 이탈리아 운동의 역사에서
중요한 의미를 갖게 되는데, 하나는 『신질서』에 관여했던 사
람들이 조만간 이탈리아 공산당의 지도적인 핵심인사들이 되
었기 때문이고, 다른 하나는 이 신문이 이탈리아의 소비에트,
즉 공장평의회를 조직하기 위한 매체가 되어 이탈리아 노동운
동에 이정표를 세웠기 때문이다.

하지만『신질서』의 출발이 꼭 노동자평의회 운동을 지도하기 위한 것도 아니었고, 토리노의 노동자투쟁이 후에 큰 의미를 갖게 되리라고 예상한 것도 아니었다. 다만 소비에트의 경험이 이탈리아의 혁명가들에게 강한 인상을 주었고, 말뿐인 사회당의 정치적인 지도를 넘은 무언가 구체적인 대안이 있어야 한다는 생각이 퍼져있었던 것은 사실이다.『신질서』는 다소 막연하게 시작하였고, 이에 대해 창간주체들은 긴 논쟁을 벌여야 했다. 6월 21일에 발행된 제7호부터『신질서』의 성격은 달라지기 시작했는데, 이는 6월 중순경 그람시와 톨리아티가 '편집 쿠데타'를 일으켰기 때문이었다. 말하자면 타스카의 문화주의적인 열정이 그람시와 톨리아티, 테라치니가 내놓은 공장평의회의 구상에 밀리게 된 것이었다.

그람시는 그의 첫 번째 편집기사인「노동자 민주주의」에서 기존의 공장 내부위원회를 소비에트로 발전시키는 문제를 제기하여 큰 반향을 불러일으켰다. 이후『신질서』는 두 해 동안

토리노에서
가장 큰 공장이었던
피아트의 평의회.

평균부수가 3~5천 부 정도에 불과한 소규모의 잡지이면서도, 레닌적인 의미에서 토리노 노동운동의 진정한 '조직가'가 되었다.

8월이 되자 그람시의 프로그램은 구체적인 결과를 맺었다. 청년그룹과 사회당의 토리노지부, 노동운동 조직이 공장평의회 운동을 승인하게 되었던 것이다. 토리노에서 가장 큰 공장이었던 피아트에서 공장단위별로 평의회의 대표위원을 선출하는 것을 시작으로 1919년 말에는 15만 명의 토리노 노동자들이 공장평의회로 조직되었다.

당시 이탈리아에서 러시아 소비에트에 대한 공감과 공명은 무척이나 압도적이어서 보르디가가 발행한 신문의 제호도 '소비에트'일 정도였다. 『신질서』는 『세계를 뒤흔든 10일』로 유명한 미국의 존 리드(John Reed)가 쓴 러시아 소비에트 운영에 관한 보고, 세계산업노동자연맹(IWW) 다니엘 드 레온의 혁명적인 노조운동, 영국의 샵스튜어트 운동의 사례들로 지면을 채워 나갔다.

공장평의회는 소비에트의 이탈리아적인 등가물로 시작되었지만 점차 군사적인 투쟁조직을 넘어서게 되었는데, 이는 『신질서』의 성격을 살펴보면 잘 이해할 수 있다.

우선 여타 좌파들과는 달리 『신질서』는 자신의 이론을 토리노의 노동계급 운동과 구체적이고 직접적으로 연결시켰다. 즉, 소비에트 체제의 현실화를 위한 프로그램을 제시하고, 평의회가 과거의 전통적인 조직과는 다른 새로운 전체 프롤레타

『신질서』 그룹.

리아트의 기구라는 것을 보여주려 했다.

　다음으로 『신질서』는 공장평의회와 이를 기초로 한 지역 소비에트를 미래 사회주의 국가의 맹아로 보고, 생산의 조직체 속에서 권력문제를 포착해낼 수 있어야 한다고 주장했다.

　　사회주의 국가는 피착취 노동계급을 특징짓는 사회제도들 속에 이미 잠재적으로 존재한다. 이러한 제도들은 서로 연결·조정되고, 능력과 권력의 위계 속에 편제되어야 한다. 이러한 방식으로 진정한 노동자 민주주의는 지금 당장 부르주아 국가에 대해 능동적이고 효과적으로 대항하면서 창출될 수 있다. 즉, 지금 당장 국가의 자산을 통제하고 운영하는 본질적인 영역에서 부르주아 국가를 인계할 준비가 되어 있는 것이다.(「노동자 민주주의」, 1919)

　사회주의 국가의 이러한 '예시적(prefigurative) 성격'이야말로 '신질서'라는 제호가 의미하는 바였다. 노동계급의 새로운 질서는 메시아적인 혁명 이후에 도래하는 것이 아니라 자본주의를 극복하는 구체적인 실천과 조직 속에서 이미 잠재하고 있으며, 인간의 의식적인 투쟁 속에서 건설되어 나갈 수 있다는 것이다.

때문에 『신질서』 그룹의 공장평의회가 갖는 진정한 가치는 러시아 모델을 기계적으로 적용한 것이 아니라 서구에서 사회주의 혁명을 어떻게 달성할 것인가에 관한 최초의 심원한 이론적인 논의를 담고 있었다는 점에 있었다. 이러한 생각은 (후대의 해석자들에 의해 때때로 계급정당의 역할을 무시하는 평의회주의나 자본주의의 단절적인 극복을 위한 이행의 계기를 간과하는 점진주의로 오해받기도 하지만) 무엇보다도 그람시 사상의 가장 창조적이고 생산적인 부분으로 이후 『옥중수고』에서 본격적으로 전개될 이론작업으로 이어지게 된다.

또 다른 측면에서 이탈리아의 공장평의회는 러시아의 소비에트보다 한발 더 나아갔다. 그것은 노동조합과 질적으로 다른 평등과 참여의 대안적인 조직체였기 때문이다. 공장평의회는 노동자의 고충처리를 담당하는 내부위원회로 출발했지만 『신질서』 그룹은 노동자들의 회합에 함께 하고 강좌를 조직하면서 새로운 성격을 불어넣었다. 여기에는 프롤레타리아트의 대안적인 조직체로서 갖는 노동조합의 한계에 대한 그람시의 통찰이 깔려 있었다.

객관적으로 노동조합은 순수한 자본주의 형태의 기업과 다를 바 없다. 노조는 프롤레타리아의 이해에 기반하여 노동이라는 상품의 최대가격을 보장하고, 이 상품이 국가적이고 국제적인 영역에서 독점을 확보하도록 하는 것을 목적으로 한다. 노조는 자본주의적인 상업조직과 단지 주관적으로만 구별된다.(「대중과 지도자」, 1921)

내부위원회 위원은 노동조합원들 중에서 선출되었지만, 공장평의회 대표위원은 아나키스트나 가톨릭계 노동자, 숙련공과 비숙련공, 노조간부와 비조합원이 동등하게 참여한 상태에서 선출되었다. 노조가 주로 다루는 임금인상, 공장생활의 민주적인 규제, 노동시간, 위생, 휴식 등을 위한 투쟁은 이미 문제가 아니었다. 공장평의회는 아래로부터, 작업장의 모든 단위로부터 대표자를 선출하고 근로조건의 개선에서 공장의 운영까지 모든 의제를 토의에 부쳤다. 즉, 그것은 각 직장에서 선출되는 대표위원들이 자본가와 협정을 맺는 방식이 아니라 노동자 자신들이 직접 공장을 규제하려는 운동이었다.

공장점거는 토리노를 넘어 피에몬테와 롬바르디아까지 확산되었다. 점차 이탈리아의 전 공업지역이 평의회의 열기에 휩싸이게 되었고 지배계급은 불안해졌다. 이것이 이탈리아의 '붉은 2년(Biennio rosso)'의 시작이었다.

하지만 새로 취임한 남부 출신의 우파 수상 지올리티는 노동자들의 봉기에 매우 지혜롭게 대응을 한 셈이다. 러시아 혁

명의 열기가 가시지 않은 이 때에 대중투쟁을 무력으로 진압
하게 된다면 오히려 프롤레타리아 혁명을 불러올 것이라는 생
각에 노동총동맹의 지도부를 회유하고 타협하기로 한 것이다.
결과적으로 1919년의 봉기는 노동총동맹의 경제적인 협상으
로 제한되었고 토리노의 봉기는 고립되었다.

　그람시는 이탈리아에서 당이 대중을 인도하고 '교육'하는
것이 아니라, 대중들이 당을 인도하고 교육했다고 한탄하곤
했는데, 노동총동맹의 지도자들과 사회당의 지도부들이 바로
그 꼴이었다. 그들은 들끓는 이탈리아 사회의 분위기와 의미
를 전혀 이해하지 못했던 것이다.

붉은 2년과 공산당 창건

　1920년 4월에 토리노 금속노동자들은 다시 한 번 대파업에
돌입한다. 그러나 이 파업은 사실상 사용자들이 촉발시킨 것
이나 다름없었다. 그들은 평의회라는 새로운 권력기구를 없애
거나 무력화해야 함을 본능으로 깨닫고 있었기 때문이었다.

　한 달 동안 이루어진 철강노동자 파업과 토리노와 피에몬
테 지역에서 벌어진 열흘 동안의 파업과 가두시위에도 불구하
고 투쟁은 확산되지 못했고, 사회당 지도부는 『신질서』 그룹
이 제출한 전국적인 투쟁에 대한 제안을 기각시켰다.

　당시까지 그람시는 혁명정당의 중요성을 크게 인식하지 못
했거나, 적어도 평의회운동 속에서 강하게 주장하지 않았던

것 같다. 4월 파업이 일어나기 전 그람시는 「사회당의 혁신을 위하여」라는 글에서 응집력 있고 탄탄하게 규율 잡힌 공산주의 정당의 존재야말로 소비에트의 실험을 시도하기 위한 근본적이고 불가결한 조건이라는 의견을 피력했지만, 결과적으로 시기를 놓친 자기비판이 되었다.

하지만 그람시 정치활동의 중심축은 점차 정당의 문제로 옮겨가는 조짐을 보이게 된다. 이제 과거의 사회당도, 현장 대중운동인 공장평의회 운동도 지속될 수 없다는 것이 그람시에게 명확해졌기 때문이었다.

그러나 『신질서』 그룹에게 그것은 상처를 동반하는 과정이었다. 그람시가 보르디가와 어렵사리 논쟁하며 '선거 보이코트'에 기반하여 좌파를 하나로 모으는 동안 『신질서』 그룹은 분열되었다. 타스카는 그람시가 주창해 온 공장평의회 프로그램을 공공연히 비판하며 전통적인 조직으로 복귀할 것을 주장했고, 테라치니와 톨리아티는 오히려 '선거참여파'를 구성하여 그람시와 대립했다. 그람시는 평의회의 마지막 불씨를 살리고자 공장 내에 공산주의 교육집단을 조직하려 했지만, 『신질서』 그룹의 시대는 다시 오지 않았다.

마침 이 때 국제 사회주의운동의 상황이 급변하게 된다. 1920년 7월에 열린 코민테른 2차대회에서 레닌은 『신질서』 그룹의 입장을 지지하여 이탈리아의 대표들을 놀라게 했다. 이 대회의 중요한 의제는 두 가지로, 하나는 개량주의자와 중간파 정당은 코민테른에서 받아들일 수 없다는 소위 '21개조'

의 채택에 관한 것이었고, 다른 하나는 일체의 선거참여를 거부하는 보르디가 식의 '좌익소아병' 비판에 관한 것이었다.

대회에서 돌아온 보르디가는 자신의 선거불참주의를 철회했지만, 사회당의 중앙파를 대표하는 세라티는 사회당의 명칭을 공산당으로 바꾸거나 개량주의자를 제명하는 일 중 어느 것도 할 수 없었다. 이제 유일하게 남은 것은 독자적인 공산당 창건으로 가는 길처럼 보였다.

그람시에게 흔히 따라붙는 호칭 중 하나가 '이탈리아 공산당의 창건자'이다. 물론 이 호칭이 크게 틀린 말은 아니지만, 그가 공산당 창당을 처음부터 주창하거나 고집했던 것은 아니었다. 사실 그람시는 사회당을 해체하고 공산당을 새롭게 창당하는 것에 내켜하지 않았으며, 위에서 아래로 건설하는 방식에도 회의적이었다. 게다가 보르디가가 주도하는 공산당 계획은 당과 대중의 관계나 공장 노동자조직 같은 『신질서』 그룹의 의제들과 전혀 부합하지 않고, 오로지 규율과 중앙집중만을 강조하는 내용이었다. 하지만 그람시는 당면정세의 혁명적인 해결과 패배의 암흑이라는 갈림길 앞에서 보르디가의 해법을 받아들이는 게 최선이라고 생각했던 듯하다.

실제로 사회당의 개량주의 분파가 낳은 혐오감은 너무도 큰 것이어서 그람시 역시 비록 공산주의파가 다수가 되더라도 중간파 지도자들과 함께 하는 사회당의 유지는 받아들일 수가 없었다. 보르디가 그룹이 아무리 대중적인 지반과 활동을 무시하는 오류를 저질렀다 하더라도 개량주의에 대한 비판과 제

1921년에 열린 사회당
리보르노 전당대회.

3인터내셔널에 대한 그들의 절대적인 신임이 그람시를 설복
시켰던 것이다.

1921년에 열린 리보르노 당대회에서 1/6을 조금 넘은 공산
주의파는 대회 도중 인터내셔널가를 부르며 퇴장하여 옆 회의
실에서 마침내 독자적인 공산당(PCd'I)을 창당한다. 중앙위원
회 중에 『신질서』 그룹 출신이 그람시와 테라치니 두 명에 불
과했다는 것만으로도 당시 공산당이 보르디가의 당으로 창당
된 것만은 분명했다.

그람시와 보르디가

사회당 내에서 그람시는 분파정치에 깊이 관여하지 않았다.
그의 실제적인 관심은 언제나 노동계급을 교육하고 문화적인
기반을 건설하는 데에 있었다. 하지만 정치에 대한 진지하고
구체적인 관심과 실천 덕에 그는 언제나 토리노지부의 지도부

에 소속되었다.

반면에 아마데오 보르디가는 이미 1910년경부터 전국적인 인사가 된 좌파정치인으로 제1차세계대전에 격렬히 반대하면서 이탈리아 사회당 안의 비타협주의 내에서 이름을 얻게 되었다. 보르디가는 전후 기권주의적인 공산주의 분파를 건설하고 지도했는데, 말 그대로 모든 부르주아 제도에 대한 '기권'을 제안했기에 붙여진 이름이었다. 그람시와 보르디가 사이의 대립은 이제 이탈리아 좌익정치운동의 한가운데에서 공산당의 성격과 진로를 두고 펼쳐지게 된다.

코민테른과 보르디가, 그람시와 보르디가 간의 차이는 단지 선거참여냐 보이코트냐 하는 문제가 아니라 노동계급 다수를 획득하는 것에 대한 관점에 있었다. 보르디가에 의하면 당은 순수하고 견고해야 하며 당이 올바른 정책을 견지하기만 한다면 노동계급은 당의 지도를 따르게 되리라는 것이었다. 그러나 그람시의 생각은 달랐다.

우선 그람시는 노동대중과의 접촉을 계속함으로써 모든 피억압계급이 공산당을 '민주적인' 정당으로 신뢰하게 될 것이기에, 공산

공산당의 성격과 진로를 두고
그람시와 대립했던 보르디가.

주의적인 프롤레타리아트가 국가권력을 장악할 수 있는 잠재력을 발휘하도록 만드는 과정이 더욱 중요하다고 보았다. 그람시는 정치권력을 접수하는 이벤트를 넘어서는 장구한 '역사적인 블록(historic bloc)'의 형성과정으로 혁명을 이해하였고, 이러한 과정 속에서 지도부의 행동은 극단적으로 볼 때 대중의 '후렴' 이상이 되어서는 안 된다고 생각했다.

더욱 중요한 것은 혁명과 이행의 성격에 대한 그람시의 판단으로, 그는 정치권력의 장악이 혁명의 첫 단계이지만 그것 자체로는 프롤레타리아적인 성격마저 보증할 수 없다고 보았다.

대중봉기를 통해 공산주의자라고 자임하는 사람들(그리고 실제로 공산주의자들)의 수중에 권력이 장악된다고 해서 그것이 프롤레타리아적이고 공산주의적인 게 아니다. 혁명은 자본가계급이 지배하는 사회의 핵심에서 발전해 온 프롤레타리아적이고 공산주의적인 생산력을 해방시키는 정도만큼만 프롤레타리아적이고 공산주의적이다.(「두 개의 혁명」, 1920)

그람시는 부르주아 제도에 대한 파괴라는 하나의 혁명과 공산주의 노선에 따른 재건과정으로서의 또 다른 혁명이 불가분하게 맞물려 있다고 이해했다. 때문에 그람시에게 필요한 것은 "프랑스 자코뱅의 영웅적인 모방을 위해 대중을 이용하는 정당이 아니라 스스로의 노력을 통해 자율적으로 사회적인 경제를 조직함으로써 정치적이고도 산업적인 노예상태로부터 벗어나고자 하는 대중을 대변할 정당"이었지, 고답적인 혁명가들이 봉기와 주장만을 일삼는 그런 공산당이 아니었던 것이다.

그람시와 보르디가의 또 하나의 대립지점은 파시즘의 위협에 대한 평가의 문제였다. 1920년 9월에 코민테른 대회를 마치고 돌아온 대표단을 맞이한 것은 밀라노의 공장점거 사태였다. 공장을 장악한 노동자들은 노동자평의회를 건설하고 공장을 무장시킨 가운데 생산을 계속했다. 『신질서』 그룹은 깨졌지만 평의회의 열망이 남은 불꽃으로 타올랐던 것이다. 하지만 아직까지도 전국적인 노동계급 행동은 조직되지 못하고 있었다. 즉, 그것을 진지하게 책임지고 시행할 조직은 아무 데도 없었던 것이다.

공장점거는 다시 한 번 수상 지올리티와 노동총동맹 사이의 타협으로 끝났다. 노동계급의 동력도 더 이상 남아있지 않은 듯했다. 그러나 자본가들은 이 타협에 만족하려 하지 않았다. 1920년 가을부터 파시스트들은 사회주의 단체와 사회주의자들이 주도하는 지방정부, 좌익신문사를 습격하기 시작했다.

퇴역군인과 소상인, 소농의 자제들로 구성되었던 파쇼단(Fasci)은 국가권력과 독점자본가 집단의 비호 아래 민중들과 사회주의 세력에 대해 무법적인 린치와 방화를 가했다. 1920년 5월에 3만 명에 지나지 않았던 파시스트 세력이 1922년 10월에

이르러서는 30만 명으로 성
장했다.

30세 무렵의 그람시.

　그람시는 파시즘이 자본
주의가 낳은 위기상황일 뿐
만 아니라 사회주의와 노동
계급에 결정적인 타격을 주
는 반동의 시기를 불러올
수 있음을 인지하고 경계했
다. 파시즘의 흥기는 1920
년대에 역전된 정세에서 자
본가계급의 반동이 갖게 된 형태였다. 말하자면 '붉은 2년'의
패배와 타협의 후과가 파시즘을 매개로 한 자본가계급의 총반
격으로 나타난 것이었고, 그러한 파시즘의 손발이 된 것은 농
민을 비롯한 중간계급이었다.

　하지만 보르디가는 1926년까지도 파시즘의 중요성을 크게
평가하지 않았다. 오히려 "부르주아의 반혁명은 우리에게 있
어 혁명의 불가피성에 대한 증거 이외에는 아무것도 아니다"
라고 선언했는데, 이는 보르디가가 파시즘의 본질을 얼마나
간과했는지, 그리고 혁명적인 전위의 지도에 대해 얼마나 낙
관하고 있었는지를 보여준다.

공산당의 선장으로

반혁명의 격랑

공산당이 창당되고 몇 년 동안은 30세가 안 된 그람시에게 폭풍과도 같은 시기였다. 그 스스로 '철과 불'의 시기라고 이야기할 정도로 그람시는 이 시기에 치열한 활동을 펼쳤지만 그것은 무척이나 힘든 일이었다. 무엇보다 외적인 상황이 좋지 않았다.

국제적으로 혁명의 기운이 퇴조하고 러시아 내에서 당파 투쟁이 시작되었으며, 이탈리아에서는 파시스트 권력이 공고화되면서 이에 대한 대응을 둘러싸고 이탈리아 공산당과 코민테른 사이의 불편함이 커져갔다.

코민테른은 혁명적인 기운의 퇴조가 오래가지 않을 것이며 개량주의파와 절연한 것이 편향된 것이었음을 어느 정도 인정하면서 '통일전선'이라는 새로운 형태로 이들과 함께 하는 것으로 방향을 바꾸기 시작했다. 3차대회에서는 파시즘에 대한 노동계급의 방어가 절대적인 과제이며, 혁명 역시 공산당이 노동계급 다수로부터 지지를 받을 때만 가능하다는 점을 정식으로 인정했던 것이다.

그러나 공산당은 개량주의자들을 조건부로라도 동맹의 대상으로 인정하고 싶어하지 않았다. 하지만 그보다도 보르디가 노선이 갖는 본질적인 문제는 앞서 말했듯이 노동계급의 다수파를 획득할 필요성 자체를 거부했다는 것에 있었다.

1922년 봄에 당 지도부는 약해진 건강을 걱정하면서 그람시를 인터내셔널 집행위원회의 당 대표로 소련으로 보내기로 결정했다. 실제로도 그는 당내 논쟁과 투쟁 속에서 무척이나 소진되어 있었다.

소련에 도착한 그는 레닌뿐만 아니라 트로츠키, 부하린 등과 만나면서 당시의 국제적인 상황을 직접 접할 수 있었고, 이로 인해 이탈리아 공산당이 처한 상황을 보다 객관적으로 정리할 수 있었다. 덤으로, 악화된 건강도 모스크바 교외의 요양소에서 상당부분 회복할 수 있었다.

특히 1922년의 모스크바는 그람시의 인생에서 무엇과도 바꿀 수 없는 의미를 주었으니, 다름 아닌 줄리아 슈히트를 만난 일이었다. 그람시는 이 때를 자신의 일생에 있어 진정으로 행

복했던 한때로 기록했다. 그람시의 전기 작가 주세페 피오리의 표현을 빌면, 프롤레타리아 혁명을 지도하는 성실하고 정열적인 사무국원은 이렇게 해서 '동굴의 곰'에서 '감상적인 늑대'로 다소간의 융통성을 갖게 되었다.

이탈리아의 상황이 급박해지자 그람시는 1923년 말 빈에 공보국을 개설하기 위해 파견되었다. 여러모로 마음 아픈 나날이었다. 파시즘은 이탈리아의 동지들에게 극악한 탄압을 가했고 러시아에서는 레닌의 죽음이 가까워지면서 소비에트 연방 내에서 우려할 만한 분파투쟁이 벌어지고 있었다. 줄리아와 떨어져 있다는 사실 또한 그를 더욱 괴롭게 했다.

1922년 10월에 무솔리니가 파쇼단을 이끌고 성공한 '로마행진'을 정점으로 파시스트들이 권력을 장악하자 억압의 물결은 더욱 커져만 갔다. 일 주일 만에 경찰은 노동운동 지도자, 지방의원 등 5천 명 이상의 사회주의자들을 체포했고, 반대당의 자금까지 압수했다. 공산당은 『신질서』를 일종의 당 일간지로 삼아 지하신문 형태로 지속시켰고, 많은 대중집회를 개최하기도 했지만 신생 공산당에게는 너무도 큰 시련이었다.

1923년 빈에서(가운데 인물이 그람시이다).

2년간의 국외생활 끝에

무솔리니가 이끈 파시스트 로마행진.

그람시는 파시즘을 격퇴할 노동자·농민의 단결이라는 화두를 들고 이탈리아로 돌아왔다. 공산당의 새로운 기관지 제호부터가 『단결 *L'Unita*』이었다. 공산당의 서기장으로 취임한 그람시는 이후 몇 년간 무솔리니의 파시즘 하에서 결연한 투쟁을 전개한다.

1924년 6월에 사회당 의원인 마테오티가 무솔리니의 사주로 암살되는 사건이 벌어지자 파시스트 체제에 균열이 일어났다. 의회 내 반대세력들은 의사당 바깥에서 집회를 갖기 시작했는데 이를 '아벤티네 반대파'라고 불렀다.

그람시는 반파쇼 연합을 위해 다른 야당들에게 '반(反)의회'를 제안하고 정치총파업을 주장했지만 성사되지 못했다. 그럼에도 노동자·농민의 계급연대와 대중동원을 통한 파시즘 극복이라는 그람시의 주장은 일관되게 견지되었고, 결국 1926년 이탈리아 공산당의 제3차 당대회에서 90%의 지지를 획득하

의회 내 파시스트 반대세력인 '아벤티네 반대파'

게 된다. 국경 밖의 프랑스 리용에서 프랑스 공산당의 협조로 열린 이 대회는 당의 전략이 전환되는 결정적인 계기가 되었다. 여기서 발표된 것이 톨리아티와 함께 이탈리아의 전반적인 상황을 요약한 「리용테제」였다.

그러나 전술상의 변화는 때늦은 것이었다. 파시스트는 이미 전국적으로 승리를 굳혔으며, 편향과 내부투쟁으로 고통받고 탄압으로 심대한 타격을 받은 공산당은 새로운 결의를 조직적으로 실현할 능력을 상실해버렸기 때문이었다.

험난한 파도를 헤쳐나가는 공산당의 선장으로서 그람시는 당의 '볼세비키화', '통일전선' 정책의 적용, 세포에 기반한 당의 재구조화 등을 실현하기 위해 마지막 수단을 강구한다.

이 힘든 시기 동안 그람시는 중요한 두 가지 결실을 맺었는데, 하나는 줄리아와의 결혼과 함께 첫아들 델리오를 얻은 것이고, 다른 하나는 그의 이론적인 관심을 집약하고 향후 작업에 중요한 단초가 될 이른바 '남부문제'에 대한 생각을 정리한 것이었다.

남부문제

이탈리아에는 한국 사회보다 훨씬 고질적인 '지역감정' 내지 갈등이 존재했는데, 그것은 공업화된 북부와 상대적으로 낙후한 농업 중심의 남부 사이에서 일어난 대립이었다. 그람시가 태어나고 자란 사르디니아 역시 원래 경제·정치적으로 주변화된 지역인 탓에 남부 이탈리아와 한데 묶여 취급되었다.

산맥이 많은 반도지형인데다가 오랫동안 도시국가로 나뉘어 있었던 이탈리아는 '리소르지멘토(Risorgimento)'의 열풍에 휩싸이게 된다. 이탈리아어로 '부흥'을 의미하는 이 용어는 19세기에 있었던 이탈리아의 국민통일운동을 말하는 것으로 1815년 지식인들로부터 준비되어 1850~1860년대 카부르와 가리발디에 의한 남부통일, 1866년의 베네치아 획득과 1870년의 로마 점령으로 정점에 달했다.

그런데 1860년에 시칠리아 왕국을 이탈리아로 병합하는 과정에서 문제들이 드러났다. 북부에서 오스트리아인을 몰아내는 전투에서 죽은 병사의 수보다 산적들의 봉기를 진압하다 죽은 병사의 수가 더 많을 정도였다. 본토와 남부 섬 사이의 경제·정치·문화적인 격차가 매우 심각하였던데다 1860년대 들어와 정부가 사회·경제적인 부패를 오히려 증가시켜 상황이 악화되었다.

1926년에 그람시가 체포될 당시에 작업 중이던 원고가 바로 「남부문제의 몇 가지 측면에 대하여」라는 미완성의 글로,

그는 이것을 포함하는 일련의 시리즈를 출판할 예정이었다. 이 글을 보면 그람시가 후진적인 지역의 특수한 맥락에 기반한 사고를 하고 있었음을 확인할 수 있는데, 이탈리아의 남부가 바로 그러한 지역이었다. 또한 이 글은 이후 『옥중수고』에서 발전시키게 되는 여러 개념의 단초들을 담고 있다는 점에서도 중요하다. 예를 들어 '헤게모니'라는 개념과 이행의 관계가 그러하다.

토리노 공산주의자들은 '프롤레타리아트 헤게모니'의 문제를, 말하자면 프롤레타리아 독재의 사회적인 기반과 노동자 국가의 문제를 구체적인 용어로 제기했다. 프롤레타리아트가 지배하는(ruling) 계급, 지배적인(dominant) 계급이 되기 위해서는 노동인구 다수를 자본주의와 부르주아 국가에 대항하여 동원할 수 있는 계급연합의 체계를 창출할 수 있어야만 한다. 이는 현존하는 실제 계급관계 내에서 광범위한 농민대중의 동의를 얻어낸다는 것을 의미한다.(「남부문제의 몇 가지 측면에 대하여」, 1926)

물론 이탈리아의 농민문제는 남부문제와 바티칸 문제가 결합된 역사적으로 특수한 것이다. 그람시가 보기에 이탈리아 프롤레타리아트가 농민대중의 다수를 획득한다는 것은 이러한 두 가지 문제를 수용하여 사회적 관점에서 그들이 대변하는 계급을 이해하고, 이러한 요구를 자신의 혁명적 이행 프로

그램에 흡수하여, 이들을 투쟁의 목표들 가운데 배치시키는 것을 의미했다. 때문에 남부문제를 푸는 것은 이탈리아에서 혁명과 이행의 양태와 그 주체의 문제까지 푸는 것이 된다.

어떤 점에서는 뒤에 나온 그의 주저 『옥중수고』가 남부문제를 다룬 원고에 대한 방대한 주석으로 읽혀야 할지도 모른다는 생각도 든다. 역사적인 블록과 헤게모니의 문제, 지식인의 역할, 국민적-민중적(national-popular) 정치의 중요성 등에 대한 사고가 이전의 공장평의회 운동과 이탈리아 공산당의 경험을 기반으로 어떻게 나타나고 있는지에 대한 실마리를 제공하기 때문이다.

그람시가 1923년 공산당 기관지의 제호를 1910년대 남부 출신 지식인 살베미니가 발행했던 신문의 이름인 '단결'로 바꿀 것을 제안한 것도 다름 아닌 남부와 북부가 진정으로 단결 내지 통일되어야 한다는 의미에서였다. 그람시가 이 시기에 남부문제의 해결을 얼마나 강조했었는지 알 수 있다.

러시아의 분파투쟁

모스크바에서 돌아온 그람시의 마음은 무거웠다. 파시스트의 공세와 수습되지 않고 있는 이탈리아 공산당의 상황도 그랬지만, 레닌이 정치무대에서 퇴장한 후 러시아 당내에서 분파투쟁이 심각하게 전개되고 있었기 때문이었다. 이탈리아 공산당을 비롯한 코민테른 당들은 혁명의 보루인 소비에트연방

의 성패에 영향을 받지 않을 수 없었다. 게다가 러시아 당내의
투쟁결과는 코민테른의 노선을 좌우했고 각국의 투쟁 방향에
결정적인 영향을 끼칠 정도로 큰 힘을 가지고 있었다.

러시아 당은 스탈린을 축으로 하는 다수파와 트로츠키를
축으로 하는 소수파 혹은 좌익반대파로 나뉘어졌다. 1929년에
이르도록 두 분파는 이합집산을 거듭하며 대립했고 각국 코민
테른 정당들의 지도부도 이 사이에서 중립으로 남아 있기 어
려웠다.

그람시 역시 러시아 당의 중앙위원회에 서한을 보내고 깊
은 관심을 표했지만 두드러지게 의견을 표명하지는 않았다.
그람시의 관심사는 두 가지였는데, 하나는 분파투쟁이 소연방
의 미래를 어둡게 해서는 안 된다는 것이었고, 다른 하나는 파
시즘의 성격을 이해하고 이를 타격할 수 있는 적절한 방침을
코민테른이 세워야 한다는 것이었다.

트로츠키와 그람시의 관계는 간단치 않다. 그람시가 자코뱅

좌로부터 레닌, 트로츠키, 스탈린.

주의의 진수라며 찬사를 보냈던 1917년의 봉기는 트로츠키가 레닌과 함께 주도한 것이었다. 프롤레트쿨트(Proletkul't)와 미래주의 사조에 대해 두 사람은 깊은 인식을 공유하고 글을 주고받는 사이였다.

보다 중요한 것은 파시즘에 대해 두 사람이 같은 생각을 하고 있었다는 점이다. 트로츠키는 1932년에 "공산당 지도부 중 어느 누구도 파시즘이 권력을 장악할 것이라는 가능성을 염두에 두지 않았다. 오직 그람시만이 이에 대해 우려를 표명했다"라고 쓰고 있다. 그람시가 주장한 대중동원과 반파시스트 세력들과의 정치적인 동맹을 통한 적극적인 반격정책은 트로츠키가 1928년 제6차 코민테른 대회에서 제안한 통일전선정책과 일맥상통하는 것이었다.

그러나 그람시는 소연방 내의 분파투쟁의 심각성을 충분히 인식하지 못하고 있었던 듯하다. 그람시는 트로츠키가 이끄는 좌익반대파를 지지하기보다는 당 전체의 자정능력에 기대를 보내는 편이었다. 그가 보기에 트로츠키파들과 다른 반스탈린주의자들에 의해 형성된 노동계급 반대파 세력은 레닌의 당이 심각한 퇴행을 겪고 있다는 증거이자 소비에트 국가 내부의 위기를 드러내고 있는 것이었고, 그람시 자신의 입장은 여기서 트로츠키와 철저히 달랐다.

오히려 스탈린을 공개적으로 비판한 것은 보르디가였다. 당시 이탈리아 당내에서 그람시와 보르디가의 관계를 감안한다면 보르디가와 트로츠키 사이의 친밀함이 그람시로 하여금 오히려 트로츠키에 동의하지 못하게 했을지도 모른다.

1928년 코민테른 제6차대회에서 승리한 스탈린은 공산당의 주적이 파시즘이 아니라 사민주의 정당이라는 '사회파시즘론'을 주장했고, 그 결과 유럽 도처에서 혁명역량의 고립과 괴멸 그리고 파시즘의 공고화를 가져오고 말았다.

그람시와 무솔리니

이탈리아의 현대사에서도 그렇지만 그람시 개인의 생애에서도 무솔리니라는 인물은 도저히 빠질 수 없다. 무솔리니는 이탈리아 북동부의 프레다피오에서 대장장이의 아들로 태어나서 사범학교를 졸업했다. 1901년에 초등학교 교사가 되었으나, 1902년에 스위스에서 사회주의자와 접촉한 이후에 사회주의운동에 적극적으로 참여하게 되었다.

그람시가 토리노에 와서 정치활동을 시작할 즈음 무솔리니는 이미 사회당 좌파의 영향력 있는 지도자로 활동하고 있었고, 당 기관지인『전진』의 편집자이기도 했다. 당시 무솔리니는 이탈리아의 리비아 팽창을 비판하거나 당 관료들의 개량주의와 소극성을 비난하는 등 열렬한 사회주의자로서 젊은 세대의 존경과 숭배를 얻었다.

이탈리아의 제1차세계대전 참전문제에 대해 중립만을 외치는 당의 소극적인 태도에 무솔리니가 문제를 제기할 때, 그람시는 무솔리니를 옹호하는 글을『전진』에 기고하기까지 했다.

무솔리니.

'지원도 방해도 하지 않는다'는 당의 입장은 그람시가 보기에 '우리만은 결백하다'는 것만을 보여주는 무기력한 태도라는 것이었다. 그람시는 단순한 중립이 아니라 '능동적이고 효과적인 중립'을 주장했다.

그러나 얼마 지나지 않아 무솔리니의 본색이 드러났고 이에 그람시는 적지 않은 상처를 받아 1년 이상 당 간행물에 기고를 그만두기도 했었다.

무솔리니는 사회당 정치인이었다는 경력을 십분 활용하여 좌파의 선전선동 기법과 내용을 우파의 것으로 능란하게 재가공하는 데에 사용했다. 그것이야말로 '파시즘'을 특징짓는 무솔리니의 독창적 발명품이었다. '혁명'이라는 말이 무솔리니에 의해 '우파의 혁명'으로 바뀌었고, 대중을 동원하여 권력을 장악하는 모델은 로마행진으로 펼쳐지게 되었다.

1925년이 되자 파시스트 정권의 독재적인 성격은 더욱 강화되었다. 그람시는 당시 줄리아에게 파시스트 정권이 빠른 시일 내에 무너지기를 기대하기란 어렵다는 내용의 편지를 보내기도 했다. 이러한 탄압의 충격과 고립적인 상황 속에서 공산당은 봉기 말고는 다른 해답을 찾을 수 없게 되었다. 사회당

43

은 여전히 반동의 보루로 인식되었고 이들의 대중적인 영향력은 해악적인 제거대상일 뿐이었다.

「리용테제」에서 정식화된 것도 북부 노동계급과 남부 농민 사이의 동맹에 기초한 노선이었고, 여기서 파시즘과 사회당은 반동의 사슬 속의 고리로 규정되었다. 통일전선정책 또한 개량주의자들의 본성을 폭로하는 수단으로 보았다.

1926년 11월, 파시스트 체제는 의원들의 면책특권을 박탈하고 무솔리니에 대한 암살을 계획했다는 구실로 그람시를 포함한 공산당 의원들을 체포하기에 이른다. 사실 그람시는 당시에 자신이 구속될 것이라고는 생각하지 않았던 것 같다. 그는 당시의 심정을 옥중에서 쓴 자전적 주석에서 다음과 같이 적고 있다.

> 선장은 배가 난파되었을 때 그 배를 떠나는 최후의 사람이 되어야 한다. 어떤 사람들은 선장은 배와 함께 '침몰해야' 한다고까지 주장한다. (중략) 그러한 규범 없이 집단적인 생활은 불가능하다. 왜냐하면 그것 없이는 아무도 자신의 생명을 남에게 맡기려 하지 않을 것이기 때문이다. (『옥중수고 1』, 97쪽)

체포될 당시의 그람시는 이미 몸과 마음이 완전히 지친 상태였다. 옥중에서 의료검진을 받은 그람시는 요독으로 판명되어 1927년 6월 22일 장애인을 위한 특수감옥으로 이송되었다.

1928년 6월에 이탈리아 파시스트들은 공산당 지도자들을 재판했으며, 그는 파시스트들의 경계대상 1호였다. 그람시는 다른 이탈리아 공산당 지도자들과 함께 20년 4개월 5일형을 선고받았다. 이 때 "우리는 이 자 두뇌의 작동을 20년간 중지시켜야 한다"는 수석판사의 논고는 유명하다.

비록 그람시의 남은 삶이 이 형량의 절반에도 미치지 못했지만, 무솔리니도 그의 두뇌작동을 멈출 수는 없었다. 이후 10년 동안 그는 옥중에서 그의 이론적인 고갱이라 할 만한 『옥중수고』를 집필할 시간을 갖게 되었기 때문이다.

마지막 투쟁

옥중의 그람시는 또 다른 방식으로 투쟁을 이어갔다. 그 하나가 『옥중수고』로 남겨진 이론적인 작업이었다면 다른 하나는 혁명가로 살아남기 위한 스스로와의 투쟁이었다. 그는 우스티카 감옥에 수감된 지 몇 주일 만에 후에 '옥중대학'이라고까지 불린 학습모임을 만드는가 하면, 항소재판 준비로 스스로를 바쁘게 만들었다. 또 사면을 요청하는 청원서 따위를 시도하지 못하도록 온갖 노력을 기울였다. 그것이 그가 '삶의 끈'을 놓지 않는 방식이었다.

그람시가 옥중에서 보낸 수많은 편지 중 다수는 그의 처형, 즉 줄리아의 언니인 타티아나 슈히트와 나눈 것이었다. 그녀는 신경이 쇠약했던 줄리아와 그람시 사이에서 유일한 고리가 되

로맹롤랑이 그람시의 석방 캠페인을 위해 만든 팸플릿.

어주었고 온갖 옥바라지를 다한 것은 물론, 『옥중수고』의 원고를 지키고 장례까지 도맡을 정도로 그람시의 감옥생활에 있어서 너무도 귀중한 벗이었다.

다른 이들의 도움도 컸다. 경제학자 피에로 스라파는 옥중의 그람시에게 여러 편의를 봐주었고 임종에 다다른 그를 빼내올 때도 큰 역할을 했다.

로맹 롤랑과의 관계도 이 대목에서 빠뜨릴 수 없겠다. 프랑스의 시인이자 극작가인 로맹 롤랑은 1933~1934년에 이탈리아 공산당과 민주적 야당들이 벌인 그람시 석방 캠페인에서 중요한 역할을 했다. 롤랑 자신이 「안토니오 그람시: 무솔리니의 감옥에서 죽어가고 있는 사람들」이라는 팸플릿을 펴냈고 이는 여러 언어로 인쇄되었다. 그람시가 즐겨 인용하는 "지성의 비관주의, 의지의 낙관주의"라는 말도 로맹 롤랑의 것이었으니 서로 값진 것을 주고받았던 셈이다.

이러한 국제적인 캠페인에도 불구하고 그의 수형기간이 줄어들지는 않았다. 1932년에는 파시스트의 로마행진 10주년 기념으로 특사와 감형이 있었고 이 소식에 그람시는 큰 기대를 걸었지만 그것은 이내 실망으로 바뀌었다. 소비에트 연방과 교황청이 정치범들의 감형에 대해 무솔리니와 논의를 주고받기도 했지만 그람시가 그 대상이 되었던 적은 없었다. 석방의 희망은 사라졌고 힘들게 지탱해 오던 줄리아와의 부부관계마저 그람시 스스로 정리하기에 이르렀다. 게다가 1933년에 그의 육체도 눈에 띄게 쇠약해졌고, 혼수상태에 빠지기를 거듭했다.

1933년 11월경이 되서야 국제여론의 압력으로 파시스트 정부는 그람시에 대한 치료를 허가하지 않을 수 없었고, 그의 지지자들은 그를 이탈리아 남부 지중해 연안에 위치한 감옥으로 옮겨 주었다. 이곳에서 그람시는 몰래 빼내온 노트를 재정리하고 또 상당 부분을 추가하여 『옥중수고』의 틀을 어느 정도 완성했다. 적어도 1935년 여름까지는 마지막 체력과 의지로 지성의 작동을 힘겹게 이어나갈 수 있었다.

1935년에 그람시는 로마의 퀴시사나 병원으로 이송되었으나 이미 병세는 심각하게 악화된 상태였다. 오랫동안 그를 괴롭혀온 척추질환에 폐결핵을 포함한 온갖 질환들이 엄습해왔다. 그의 간절한 편지에도 불구하고 그토록 보고 싶어한 줄리아

그람시의 묘소.

와 두 아들은 와 주지 않았다. 공산당의 지도부와도 아무런 접촉을 가질 수 없었다.

사면에 의해 그의 형기는 1937년 4월 21일에 완료될 예정이었고, 그람시는 머잖아 자유의 몸이 된다는 희망으로 가까스로 지탱하고 있었다. 하지만 더 이상의 기력이 남아있지 않았다. 1937년 4월 27일, 고향으로 돌아가기로 했던 그 날 그람시는 뇌출혈로 조용히 사망했다. 그의 나이 46세였다. 영국인 공동묘지로 향하는 장례행렬에는 동생 카를로와 타티아나가 탄 차 한 대만이 조용히 뒤따랐고, 사람들은 '니노'의 부고를 라디오에서 알게 되었다.

옥중수고

32권의 노트

그람시 이론의 정수로 일컬어지는 『옥중수고 *Quaderni del carcere*』는 이탈리아어 제목 그대로 '감옥에서 쓴 수고'라는 뜻이다. 그람시가 수형생활을 하던 1926년부터 1935년까지 대학노트 32권에 2,848쪽에 이르는 필사본으로 남겨진 것으로, 그 주제는 이탈리아의 역사, 교육, 문화, 철학, 지식인의 역할, 국가이론, 여성의 지위, 종교의 문제에 이르기까지 그야말로 방대하다.

이 원고들은 '선진 자본주의 사회'라는 조건에 적용 가능한 마르크스주의 이론의 개발이라는 그람시의 일관된 주제로 집약되기는 하지만 서술체계와 분량은 매우 들쭉날쭉하여, 어떤 것은 몇 줄짜리 메모이기도 하고 어떤 것은 몇십 쪽에 걸치는 의미심장한 에세이이기도 하다. 그람시는 이 노트를 나중에 정리하여 체계적인 원고로 만들 작정이었다. 그러나 수형생활의 환경과 자료의 제약, 악화되는 건강으로 인해 그 작업은 더욱 힘들었다.

이 수고가 세상의 빛을 보게 된 데에는 원고를 지켜낸 타티아나 슈히트와 이를 최초로 출간하는 데 중요한 역할을 한 옛 동료 톨리아티의 기여가 있음을 부인할 수 없다. 하지만 수고의 특성상 방대한 원고 중에서 어떤 것들을 뽑아서 어떻게 구성해야 하는지는 연구자와 편집자의 몫이 된다. 톨리아티에 의해 첫 선을 보인 이후로 두 권짜리 『옥중수고』, 즉 '정치편'과 '철학·역사·문화편'으로 나뉘어 출간된 판본이 많이 알려져 있지만, 이 저작의 재구성과 번역은 아직도 진행중이다.

『옥중수고』는 그야말로 이빨이 빠져나가고 위장이 망가지는 고통 속에서 필사적인 노력으로 정리해낸 그람시의 가장 큰 유작이다. 그가 무솔리니의 감옥에 갇혀 있던 10여 년은 파시스트 체제와 제2차세계대전이 이탈리아를 휩쓸고, 소비에트 연방에서는 스탈린의 일국 사회주의론의 승인과 당 독재체제의 출현을 감내해야 했던 어려운 시기였다.

그람시의 유폐는 그를 죽음에까지 이르게 할 정도로 너무도 큰 정신적·육체적 고통이었지만 역설적이게도 그로 하여금 마르크스주의 이론에 길이 남는 기념비적인 작업을 행할 수 있게 해주었다. 어떻게 보면 혁명가로서의 그람시는 상처받지 않고 남은 셈이다.

비록 구체적인 정치상황에 대한 정보는 제약되어 있었으나, 옥중의 그람시는 보다 냉정하게 자본주의 국가의 복잡성과 견고성을 간파하고 새로운 혁명이 갖추어야 할 요소들을 정리해낼 수 있었다. 그람시는 최근에 노동계급이 패배한 이유를 밝히는 것 못지않게 미래에 승리하기 위한 조건들을 그려보는 것이 자신의 과제라고 간주했다.

『옥중수고』가 높이 평가받는 이유는 순교자적인 혁명가로서의 그람시의 생애뿐만 아니라, 이러한 통찰의 깊이와 이론적인 촉수의 넓이 때문이기도 할 것이다.

실천의 철학

옥중에서의 그람시는 검열의 위협을 피하기 위하여 은유적이고 우회적인 어휘를 사용하여 작업하곤 했다. 그래서 레닌은 '일리치'로 트로츠키는 '브론슈타인'으로 표기되었고, 마르크스주의는 '현대의 이론' 또는 '실천의 철학'으로 기술되었다. 그러나 마르크스주의를 이런 식으로 표기한 것은 단지 검열의 문제만으로 이야기할 수는 없는데, 왜냐하면 '실천의 철학'이라는 언급이야말로 마르크스주의에 대한 그람시의 가장 독창적이고 중요한 이해를 보여주는 부분이기 때문이다.

'실천의 철학'이라는 용어를 가장 처음 사용한 이는 실은 이탈리아의 사회주의자 안토니오 라브리올라였다. 하지만 라브리올라의 것이 헤겔주의와 관념론의 색채를 띤 것이었던 반면 그람시는 구체적인 인간의 활동이 갖는 역사적인 의미라는 차원에서 보다 적극성을 부여했다.

그람시는 "환경을 변화시키는 것과 인간의 활동을 바꾸는 것, 즉 자기 변화를 동시에 일으키는 것은 오직 혁명적인 실천으로만 파악될 수 있고 합리적으로 이해될 수 있다"는 마르크스의 「포이에르바흐에 관한 테제」의 주장을 가장 전면적으로 파악한 마르크스주의자였다. 그렇다고 이것이 사적이고 맹목적인 실천을 뜻하는 것은 아니다. 그것은 역사적이고 의식적일 뿐만 아니라 무엇보다도 집단적인 실천이다. 그람시에게 있어 이는 '정치'와 동의어라 해도 과언이 아니었다.

그렇다면 그람시에게 있어서 '정치'란 무엇이었는가? 그람시가 보기에 마르크스주의적인 분석은 변화시키려는 입장에서 그 상황 속의 여러 세력들의 관계에 대한 구체적인 연구이어야 했다. 여기에는 적어도 다음의 세 가지 '계기' 내지는 '차원'이 존재하며, 이것들을 뒤섞지 않고 분별해 내는 것은 결합시키는 것만큼이나 중요하다.

우선, 제반 사회세력은 인간의 의지와는 독립되어 있으며, 그것은 엄밀한 과학 또는 물리학의 체계로 측정될 수 있다. 이런 기초 위에서 우리는 어떤 특정한 사회의 변혁을 위한 필요조건과 충분조건을 그 사회 내에서 알아볼 수 있다.

둘째, 정치적인 세력관계, 즉 다양한 사회계급들이 갖고 있는 동질성, 자각, 그리고 조직에 대한 평가가 필요하다. 셋째로 군사적인 세력관계에 대한 평가가 최종적으로 요구된다.

그람시는 "역사적인 발전은 두 번째의 계기, 즉 정치적인 세력관계라는 매개를 통해 첫 번째의 계기와 세 번째 계기 사이를 왕복하는 것"이라고 이야기한다. 물론 여기서 그가 특히 관심을 기울인 것은 바로 두 번째의 계기, 즉 정치의 매개라는 계기였다.

대중의 의식, 즉 감성과 지식의 측면에서도 정치가 수행하는 역할을 비슷하게 이야기할 수 있다. 그람시는 "스스로 의식하지는 못하지만 인간 모두는 나름대로 철학자이다"라는 유명한 언급을 남겼다. 그런데 대중이 가지고 있는 맹목적이고 단편적인, 때로는 모순적인 의식의 요소들, 즉 '상식(common sense)'은 그들의 집단적인 의지를 행동화시킬 수 있는 비판적이고 체계적인 자각으로 변혁되어야만 한다. 하나의 세계관은 고립된 개인들 속에서 자연적으로 성장하는 것이 아니다. 집단의지가 형성되려면 그 출발점 및 확산의 계기가 있어야 하며, 이것이 정치의 매개인 것이다.

이는 토리노 운동의 생생한 경험을 반추함으로써 얻어진 결론이었다.

토리노의 운동은 '자생주의'라는 비난과 '주의주의' 혹은 베르그송적이라는 비난을 동시에 받았다. 이 모순되는 비난을 분석해 보면 그 운동이 창조적이고 정확했다는 것을 증

명해 줄 뿐이다. (중략) 지도자들 스스로도 운동의 '자생성'을 운위했으며 그것은 옳은 것이었다. 이러한 주장은 자극제였고 강장제였으며 저변적인 통일의 요인이 되었다. 그리고 무엇보다도 그러한 주장은 운동이 자의적이요 조작해 낸 투기라는 생각을 부정했고 운동의 역사적인 필요성을 강조했다. 그러한 주장은 대중들에게 자신이 역사적이고 제도적인 가치물의 창조자라는 '이론적인' 의식을 지니게 해주었다. (중략) '자생성'과 '의식적인 지도' 혹은 '규율'의 통일이야말로 진정한 하위계급들의 정치적인 행동이다.(『옥중수고 1』, 204~205쪽)

결국 그람시에게 있어 사회주의는 대중의 지적 수준을 자발적으로 끌어올리는 일이 될 것이다.

그러나 이러한 대중적인 사고의 구조, 즉 상식을 보다 일관성 있는 정치이론 내지 철학적인 흐름으로 만들기 위해서는 정치교육과 문화정치라는 작업이 필요하다.

유기적 지식인

이러한 과업을 위해서는 지식인을 겨냥한 투쟁이 필수적으로 요구된다. 그람시는 전통적인 지식인 또는 부르주아의 전문가들과 구별되는 '유기적 지식인'이라는 존재를 제시했다. 유기적 지식인은 명확한 세계관을 가지고 있으면서 실천적인 활동에 적극적으로 참여하는 '항상적인 설득자'이자 노동계급 내에서 조직성원이 되는 이들이다.

이들은 시대의 '이데올로기적인 광경'을 바꿔놓을 것이다. 물론 노동자가 지적 노동에 참여하고 체계적으로 학습한다는 것은 무척 어려운 일이며 노동계급의 유기적 지식인은 노동계급이 국가권력을 획득한 후에야 비로소 이루어질 수 있다는 사실 역시 그람시는 소홀히 하지 않았다.

때문에 그람시는 대중의 집단적인 이성을 신뢰했지만 자생성을 무조건 찬양하지도 않는다. 대중의 자생적인 감정과 현대의 이론(마르크스주의) 사이에는 질적인 차이가 아니라 오직 양적인 차이만이 있으며, 한쪽으로부터 다른 한쪽으로 또 그 역으로 전환할 수 있는 상호환원이 가능하다고 생각했다.

이러한 생각은 독일의 혁명가인 로자 룩셈부르크의 대중주의나 게오르그 루카치의 관념적인 역사주의 또는 레닌의 '외부로부터의 주입(注入)'과는 확연히 비교되는 견해라 할 수 있다. 돌연히 끓어오르는 총파업과 각성한 프롤레타리아트라는 주체의 홀연한 등장, 그리고 여기에 방향을 주입하는 엘리트 혁명가의 조합으로 상정되는 혁명을 그람시는 신뢰하지 않았다. 그에게 있어 자생성과 의식성 사이에는 언제나 당과 유기적 지식인의 적극적인 활동과 변증법적인 과정이 전제되어 있었던 것이다.

그래서 그람시에게 있어 사회주의는 '진지전(war of position)'이라 표현되는 장구하고 어려운 과정을 의미하게 된다. 이는

'어떤' 사회주의인가와 함께 '어떻게 건설되는' 사회주의인가라는 두 가지의 물음이 함께 제기되고 대답되는 것이기도 하다. 그것은 파괴와 건설의 과정이자 의식적인 교육과 조직의 과정이다. 자본주의 전복 또는 해체에 관한 노동자혁명의 파괴적인 측면보다는 창조적이고 건설적인 측면을 강조한 것이 그람시의 일관된 특징이었다. 평의회운동 시기의 '신질서'라는 신문제호부터가 이러한 측면을 반영한다. 즉, 그는 파괴나 해체를 넘어서는 새로운 '질서'를 강조한 것이다.

그람시는 이 모든 것을 마르크스주의 정치라고 사고했으며, 그것이 곧 '실천의 철학'이었다고 할 수 있다. 요컨대 그람시가 마르크스를 '실천철학의 창시자'라고 부른 것은 검열을 우회하기 위한 것이기도 하지만 동시에 그가 생각한 마르크스주의 철학의 중심적인 성격, 즉 이론과 실천, 사상과 행동 사이의 불가분한 연계를 나타내기 위한 표현이기도 하다.

당시 마르크스주의 전통에서 주류에 속했던 과학주의 및 '법칙'에 대한 숙명론적인 의존과는 대조적으로 그람시는 무엇보다 이론의 역동적이고 의지적인 측면을 포착하고 발전시켰다. 제2인터내셔널의 실패와 볼셰비키가 이끌어 낸 러시아혁명을 목도하면서 그람시는 사회주의 혁명이 자본주의 경제의 붕괴로부터 자연적으로 도래하는 것이 아니라 의식적으로 건설되어야 할 어떤 것, 즉 역사적인 배경과 맥락 속에서 인간 행위를 통해 성취되어야 하는 것이라고 확신했다.

현대의 군주

그람시가 정치신인시절에 사설제목으로 사용했던 '자본에 반하는 혁명'이라는 말은 경제적으로 후진국이었던 러시아에서 프롤레타리아 혁명을 성취하게 된 예외적인 상황을 묘사한 것이었다. 하지만 이는 레닌과 볼세비키의 적극적인 행동주의와 지도력, 즉 '자코뱅주의'를 적극적으로 평가하는 언급이라는 점을 이해할 필요가 있다.

그람시는 『옥중수고』에서 프랑스 혁명 당시의 자코뱅을 재평가하면서 도시와 농촌, 농민들과 노동자들을 결집시키는 '국민적-민중적(national-popular)'이라는 용어를 사용했는데, 이것은 변혁세력은 국민적인 동시에 민중적이어야 하며, 혁명의 과정에서 양자는 결합될 수밖에 없다는 것을 뜻했다.

이는 부르주아 혁명에서 프롤레타리아트의 주도적인 역할을 강조한 레닌의 팸플릿 「민주주의 혁명에서 사회민주주의자의 두 가지 전술」에 대한 그람시의 독해에서 어느 정도 비롯된 것으로 보인다. 물론 그람시에게 있어 국민적-민중적 지도력이라는 것은 리소르지멘토의 부흥, 파시즘과의 투쟁, 이탈리아의 혁명에서 당의 역할이라는 맥락과 연관된 것이었다.

그람시는 『옥중수고』에서 마키아벨리의 『군주론』에 대한 연구를 통해 당의 문제에 접근했다. 마키아벨리의 중요성은 그가 이탈리아에서 새로운 통일국가의 창립을 위한 국민적인 집단의지를 어떻게 창출하는가를 보여주는 선구적인 시도를 제시했다는 점에 있었다. 마키아벨리는 '조숙한 자코뱅'이었고, 군주라는 신화적 인물을 통해 정치적인 지도력, 전략 및 전술을 설명했다. 그람시는 새로운 노동자국가를 건설하기 위해서도 그와 같은 정치적인 지도력, 즉 '현대의 군주'가 필요하다고 생각했다.

> 현대의 군주, 즉 신화·군주가 실제적인 한 인격이나 구체적인 개인일 수는 없다. 그것은 오직, 이미 인정받고 있으며 또 어느 정도까지는 행동을 통하여 스스로를 확인한 하나의 집단의지가 그 속에서 하나의 구체적인 형태를 스스로 취하기 시작하는 유기체 혹은 복합적인 사회요소일 수밖에 없다. 역사는 이미 이러한 유기체를 보여주었는데 그것은 바로 정치정당─보편적이고 전체적으로 되고자 하는 집단의지의 맹아들이 모여진 최초의 세포─이다.(『옥중수고 1』, 119~120쪽)

그람시는 정치행위와 일반행위의 '이중적인 관점'을 이야기하는데, 그것이 바로 잘 알려진 '강제와 동의'의 결합에 대한 인식이다. 이 관점은 가장 초보적인 것으로부터 가장 복잡한 것에 이르기까지 다양한 차원들로 나타나는데, 마키아벨리가 사용한 '반인반수(半人半獸)'라는 풍유와 관련되어 있다. 그것은 힘과 동의, 권위와 헤게모니, 폭력과 문명, 개인적인 계기와 보편적인 계기, 선동과 선전, 전술과 전략 등의 차원으로 풀어진다. 이러한 차원들은 기계적으로 분리될 수도, 시간적으로 분리된 연속된 단계로 표현될 수도 없는 것이다.

때문에 사회주의 혁명에서 프롤레타리아트는 지배(ruling) 계급이 되는 동시에 지도(leading) 계급도 되어야 한다. 여기서 '지배'는 자본주의 집단을 복종시키고 해체시키기 위한 것이며, '지적·도덕적 지도'는 자본주의를 적으로 하는 집단 모두를 사회주의의의 편으로 설득하기 위한 것이다.

그래서 그람시는 하나의 사회집단은 권력을 장악하기 이전에 이미 '지도적'일 수 있으며 또 그래야 한다고 주장한다. 그 후 권력을 행사할 때 '지배적'이 되는 것이지만 그 경우에도 권력은 여전히 '지도적'이어야 한다.

헤게모니에 관한 그람시의 사고는 사회주의 건설을 위한 정당의 활동에 있어 기본적으로 고려되어야 하는 것이지만, 부르주아 정치체제를 설명하는 데 있어서도 유용하다. 지도와 지배가 현실에서는 함께 가지 않는 경우가 많으며, 자본주의의 계급지배체제에서는 더욱 그러하다. 거기서 '헤게모니 없는 독재'로 규정되는 수동적인 혁명(passive revolution), 즉 노동계급의 능동적인 혁명에 반하는 부르주아 주도의 정치과정 속에서 다양한 정치체제와 위기의 형태들이 발생하게 된다는 것이다.

헤게모니와 이행의 문제

강제와 동의의 변증법

그람시를 이야기할 때마다 약방의 감초처럼 등장하는 '헤게모니'란 도대체 무엇일까?

영국의 역사학자 페리 앤더슨은 1977년 『신좌파평론』에 기고한 「안토니오 그람시의 이율배반」이라는 논문에서 헤게모니의 기원을 심도 있게 분석했다. 그에 따르면 러시아어로 'hegemonya'라는 용어는 1890년대에서 1917년에 이르는 러시아 혁명 운동에서 가장 중요한 정치적 슬로건 중 하나였다. 1833~1834년 사이 러시아 사회민주주의의 아버지인 플레하노프의 저작에서 이 용어가 처음으로 나타났는데, 여기서 그는 러시아 노동계급이 고용주에 대항하는 경제투쟁뿐만 아니라 짜리즘에 대항하는 정치투쟁을 해야 할 필요성을 역설했다. 10년 뒤 악셀로드는 한발 더 나아가 러시아 사회에서는 다른 정치계급들이 무능력하기 때문에 노동계급이 반(反)절대주의 투쟁에서 독립적이고 주요한 역할을 수행해야 한다며 프롤레타리아의 '주도성'을 정초하게 되었다.

이러한 노동계급의 특별한 임무에 대한 강조는 자연스레 레닌에게 받아들여져서 유명한 팸플릿 「무엇을 할 것인가」에서 노동계급이 '실질적인 헤게모니'를 준비하는 유일하고도 효과적인 수단으로 '정치신문'을 요구하는 것으로 나아간다. 1903년에 러시아사회민주노동당의 2차대회 당시에도 볼세비키와 멘세비키 모두 부르주아 혁명에서 프롤레타리아 헤게모니라는 슬로건을 공유했다. 하지만 1905년의 혁명이 패배로 끝난 이후 레닌은 멘세비키가 노동계급의 헤게모니 원칙을 자본가계급에게 양보했다며 격렬한 비난을 퍼붓는다. 그에게 있어 유일한 혁명적인 계급인 프롤레타리아트는 완전한 민주주의를 위한 노동, 피착취인민들의 투쟁에서 헤게모니 사상을 견지해야 한다는 것이 더욱 명확해졌다.

하지만 10월 혁명 이후 소비에트 연방에서는 헤게모니에 대한 언급이 차차 사라지게 된다. 노동계급의 혁명이 성공한 이후에 프롤레타리아 '독재'와 '헤게모니' 사이의 개념적인 대립이 차츰 현실에서 나타나게 되었기 때문이었다. 하지만 헤게모니의 개념은 코민테른의 문서와 논의 속에서 이어져 발전하게 된다. 헤게모니는 자본주의와 전쟁의 멍에로부터 인류를 해방시키기 위한 산업 프롤레타리아트의 세계사적인 과업이라는 측면에서 언급되었고, 정치전술로는 '통일전선'이라는 형태로 나타났다. 그리고 때로는 부르주아지가 노동계급을 조합적인 틀 속에 머무르게 하여 그들의 지배를 지속시킨다는 식으로도 언급되었다.

그람시는 확실히 코민테른의 문서와 논의 속에서 이 개념을 접하고 자신의 것으로 만들었을 것이다. 투옥되기 직전에 쓴 「남부문제」에서는 이것이 북부 노동계급의 남부 농민대중과의 연합과 지도력이라는 내용으로 분명하게 언급되어 있다.

하지만 헤게모니에 대한 레닌의 협소한 정치적인 정의와는 달리 그람시는 『옥중수고』에서 이를 계급지배의 다차원적인 속성을 분석하는 데 도입했다. 즉, '부르주아 혁명기의 노동계급의 전망'이라는 원래의 의미로부터 '안정된 자본주의 사회에서 노동계급에 대한 부르주아지의 지배 메커니즘'으로 확장시킨 것이다.

그람시는 정치적인 행위에 대한 '이중적 관점', 즉 '강제와 동의' 또는 '지배와 헤게모니'의 관점을 요청했고, 여기서부터 헤게모니를 서구 부르주아 권력에 대한 차별화된 분석에 이용한다. 부르주아지의 지배는 물리적인 강제 또는 그에 관한 위협을 통하는 것만큼이나 시민사회에서 성취되는 대중의 '동의'를 통해 이루어진다는 것이다. 이는 특히 국가기구를 통한 교육, 미디어, 문화, 법적 제도가 강력하고 광범한 의식을 형성하는 서구 사회에서 두드러진다.

말하자면 특정한 계급은 지배와 강제를 통해 한 사회에서 우위를 지킬 수 있다. 그러나 그 '범위'는 제한되어 있는데, 왜냐하면 그것이 동의보다는 강압적인 수단에 의지해야 하기 때문이다. 그 때문에 국가를 변형시키거나 사회를 혁신시키기 위한 역사적인 프로젝트에서 적극적인 참여를 끌어낼 수 없다. 다른 한편으로 '지도' 역시 '강제적인' 측면을 지닌다. 하지만 그것은 동의를 획득하고 종속계급의 이해를 고려하며 스스로를 대중적으로 만들려는 시도에 의해 이루어진다.

그람시에게 강제와 동의의 순수한 사례는 없으며, 단지 두 차원의 상이한 결합만이 있을 뿐이다. 헤게모니는 경제적이고 행정적인 영역에서만 행사되는 것이 아니라 문화·도덕·윤리·지적인 지도라는 영역을 포함한다. 몇몇의 역사적인 '프로젝트' – 예를 들면 사회를 근대화시키는 것, 사회의 성취수준을 고양시키거나 국가정치의 기반을 변형시키는 것 – 가 효율적으로 배치될 수 있는 것은 오로지 그러한 조건 하에서 뿐이다. 지배/지도, 강제/동의, 경제적·조합주의적/도덕적·지적 간의 구별의 복합적인 활용을 통해 우리는 그람시에게서 '헤게모니' 개념이 확장되는 것을 살펴볼 수 있다.

국가와 시민사회

이러한 확장을 강화하는 것은 그람시의 또 다른 역사적인 테제들의 구분인 '국가/시민사회'에서 비롯된다. 『옥중수고』에 실린 「국가와 시민사회」라는 에세이에서 그람시는 몇 가지 방식으로 이 구분을 정교화했다. 우선 그는 투쟁의 두 유형을 구분해 냈다. 하나는 '기동전(war of maneuver)'인데 여기에서는 모든 것이 하나의 투쟁과 전선으로 집중되어 '짓쳐 들어가서 결정적인(전략적인) 승리를 얻을' 수 있게 하는 전술로, '적의 방어'에 단 하나의 전략적인 틈새가 있는 경우에 사용할 수 있는 투쟁유형이다.

두 번째로 '진지전(war of position)'이 있는데 이는 상이한 그리고 다양한 투쟁전선을 가로질러 지속적으로 수행되어야 하며 여기에는 '전광석화처럼' 승리할 수 있는 돌파구는 거의 없다. 진지전에서 중요한 것은 적의 '전진참호들'이 아니라 '전장의 군대 후방에 위치한 조직·산업적인 체계', 즉 시민사회의 구조와 제도들을 포함하는 사회의 전체구조이다. 그람시는 '1917년'을 성공적인 '기동전'의 최후의 사례로 간주했다. 러시아 혁명은 '정치기예와 정치과학의 역사에서 결정적인 전환점'을 나타냈다.

이는 '동구'와 '서구' 간의 두 번째 구분과 연결된다. 그람시에게 이것들은 동유럽과 서유럽 사이의 구분, 다시 말해 러시아 혁명 모델과 산업화되고 자유로운 민주주의 정치체제를 지닌 '서구'의 적합한 정치투쟁 형태 사이의 구분을 위한 은유를 나타낸다. 여기에서 그람시는 많은 마르크스주의 학자들이 오랫동안 회피해 온 문제, 즉 러시아 혁명을 가능하게 했던 것과 부합되거나 그에 상응하는 '서구'의 정치적인 조건들이라는 문제를 제기한다. 이들 간에는 근본적인 차이들이 있으며 고전적인 유형의 프롤레타리아 혁명이 '서구'에서는 실패했음에도 불구하고 마르크스주의자들이 혁명과 정치의 '겨울궁전' 모델에 지속적으로 강박되어 왔다는 점에서 이는 중요한 문제가 된다.

그람시는 오랫동안 지체된 근대화, 팽창된 국가기구와 관료제, 상대적으로 미발전된 시민사회 및 낮은 수준의 자본주의 발전이라는 조건을 지녔던 혁명 이전의 러시아와, 대중민주주의적인 형식들과 복잡한 시민사회를 지니고 있고 정치적인 민주주의를 통해 대중의 동의를 기반으로 삼고 있는 '서구' 사이의 중요한 구분을 이끌어내고 있다.

> 러시아에서는 국가가 모든 것이었고 시민사회는 아직 원시적이고 무정형한 것이었다. 서구에서는 국가와 시민사회 사이에 적절한 관계가 형성되어 있었고 국가가 동요할 때에는 시민사회의 견고한 구조가 모습을 드러냈다. 그곳에서 국가는 단지 외곽에 둘러쳐진 외호(外濠)에 불과하며 그 뒤에 요새와 보루의 강력한 체제가 버티고 있었다. (『옥중수고 1』, 251쪽)

그람시는 여기에서 역사적인 특수성의 차이만을 지적하고 있는 것이 아니라, 역사적인 '이행'을 묘사하고 있다. 「국가와 시민사회」에서 분명하게 드러나는 것처럼 그람시는 '서구'의 조건이 근대 정치영역의 특성으로 자리잡아감에 따라 '진지전'이 점차 '기동전'을 대체하고 있다고 보았다. 여기에서 '서구'는 지리적인 동일성을 말하는 것이 아니라 국가와 시민사회에서 새로이 나타나는 형식들 및 그들 사이의 새롭고 보다 복합적인 관계에 의해 창출된 정치의 새로운 영역을 나타낸다.

『옥중수고』에서 그람시는 '선진적인' 사회들에서 시민사회의 상부구조는 '근대적인 전쟁의 참호체계'와 같다고 적고 있다. 상이한 유형의 정치투쟁은 이러한 새로운 지형에 적합하다. 따라서 기동전은 전략적인 기능보다는 전술적인 기능을 지닌 것으로 축소되고, 전쟁은 '정면공격'에서 일단 승리하면 '명백하게 결정적'이기 때문에 헤게모니의 전례 없는 집중을 필요로 하며, 어렵지만 이례적인 인내와 창의성을 필요로 하는 진지전으로 이행한다.

그람시는 이러한 '정치형태의 이행'을 역사적으로 설정한다. 다시 말해 1870년 이후로 '서구'에서 발생한 '유럽의 식민지로의 팽창', 현대 대중민주주의의 출현, 국가의 역할과 조직의 복잡화 및 '시민적인 헤게모니'의 구조·과정과 결부시키고 있는 것이다. 여기서 그람시가 지적하고 있는 것은 사회적인 적대의 다양화 및 권력의 '분산'인데, 이는 국가의 강제적인 수단을 통해서 헤게모니가 유지되는 것이 아니라 헤게모니가 시민사회의 관계와 제도들에 기반하고 있는 사회에서 일어남을 뜻한다. 그러한 사회에서 시민사회의 자발적인 단체, 관계,

제도들－학교 교육, 가족, 교회와 종교 생활, 문화 조직들, 이른바 사적 관계들, 성, 성적·종족적(ethnic) 정체성 등－이 작동하는 것이다.

　　국가조직과 시민사회조직의 복합체로서 근대민주주의의 거대한 구조들은 정치기술의 측면에서 진지전의 전선에 구축된 '참호'와 항구적인 요새를 구성하게 된다. 그리하여 이전에는 전쟁의 '모든 것'이었던 기동전의 요소가 이제는 단지 '부분적'인 것이 되어버렸다.(『옥중수고 1』, 257쪽)

　　이렇게 본다면 노동계급의 혁명의식에 대한 부재는 어떤 역사적인 이벤트나 노동계급 자체의 미성숙성에서 비롯되었다기보다는 자본주의 발전의 내재적인 과정에서 비롯한 것이라 할 수 있을 것이다. 마르크스가 "모든 시대의 이데올로기는 그 시대 지배계급의 이데올로기"라고 말한 것 이상의 주의와 관심이 필요하다는 것이다.

　　그렇기 때문에 사회주의 전략의 초점 또한 혁명적인 이벤트에 맞추어서는 곤란하다. 그래서 그람시가 『옥중수고』에서 부르주아 제도에 대한 대중적인 지지를 재생산하는 정치·이데올로기적인 요소들에 대한 해석과 대응을 강조한 것이다.

　　결국 '진지전'의 문제틀은 두 가지 중요한 함의를 갖는데, 하나는 시민사회의 변형이 국가권력을 둘러싼 투쟁보다 훨씬 더 중요하다는 것이며, 다른 하나는 새로운 국가체제는 소수가 아닌 대중적인 기반 위에서 건설되어야 한다는 것이다.

문화와 이데올로기

이제 헤게모니와 진지전의 문제는 다시 이데올로기라는 전장(戰場)으로 집약된다.

그람시가 볼 때 이데올로기는 두 가지 구별되는 '층위'로 이루어지는 듯하다. 어떤 이데올로기의 일관성은 전문적인 철학적 정교화에 의존하곤 한다. 그러나 이러한 형식적 일관성이 그 이데올로기의 유기적이고 역사적인 효과를 보장할 수는 없다. 그것은 단지 철학적 조류들이 대중의 실천적이고 일상적인 의식이나 통속적인 사고에 들어가서 그것을 변화시키고 변형시킬 때만, 그리고 그러한 곳에서만 발견될 수 있다. 그가 '상식'이라고 부른 것이 바로 그 장소이다.

앞에서 보았듯이 '상식'은 논리적 일관성이 있는 것이 아니며, 대개 따로따로 떨어져 있고, 파편적이고 모순적이다. 상식은 '전통적인 지혜 혹은 시대의 진실'로서 스스로를 드러내지만 실제로는 철저하게 역사의 산물이자 '역사적 과정의 일부'이다. 그렇다면 상식은 왜 그렇게 중요한가? 그것은 인민 대중의 실천적 의식이 실제로 형성되는, 개념과 범주들의 지형이기 때문이다. 상식은 이미 형성되어 있고 '당연한 것으로 여겨지는' 지형이며, 보다 일관성 있는 이데올로기와 철학들이 승리를 위해 경합해야 하는 장소이다. 즉, 새로운 세계관이 대중의 세계관을 형성하고자 한다면, 그리고 그러한 방식으로 역사적으로 유효하고자 한다면 상식은 새로운 세계관이 고려하고 경합하며 변형시켜야 할 지반이다.

모든 철학적 흐름은 '상식'이라는 침전물을 남긴다. 상식은 그것들의 역사적 효력을 기록한 것이다. 상식은 고정적이고 비유동적인 것이 아니라, 일상의 삶으로 들어온 과학적 사고와 철학적 견해들로 풍부해지면서 지속적으로 스스로를 변형시킨다. '상식'은 미래의 민속, 즉 특정한 공간과 시간에 대한 민중의 지식의 비교적 고정된 단계를 창조한다.(『옥중수고 2』, 165쪽)

그람시가 이데올로기를 취급하는 방식을 특징 짓는 것은 바로 대중적 사고의 구조들에 대한 이러한 관심이다. 그러므로 생각이라는 것을 하는 한 모든 사람은 나름대로 철학자이거나 지식인이라고 그람시가 주장한 것은 인간의 모든 사고, 행동, 언어는 성찰적이고, 도덕적 행동에 대한 의식적 방향을 포함하며, 따라서 특정한 세계관을 뒷받침하기 때문이다.

그람시가 상식과 양식을 분별해 내는 작업의 중요성을 강조할 때, 이러한 '대중적 사고의 고양'은 집합의지가 건설되는 과정의 일부이며, 어떠한 헤게모니 정치전략에서도 본질적 부분인 광범한 지적 조직화 작업을 필요로 한다. 그람시의 주장에 의하면 대중의 믿음, 인민의 문화는 자체의 논리대로 움직

이도록 내버려 둘 수 있는 투쟁영역이 아니다. 그것들은 혁명의 과정에서 "물질적 힘 그 자체"로 작용하기 때문이다.

그람시는 사상은 유동적인 것이며 이데올로기는 자생적으로 그리고 아무런 정해진 방향 없이 발전하는 것이라고 보는 일체의 관념을 거부했다. 그는 "상식과 철학의 상위 수준 사이의 관계는 '정치'에 의해 보장된다"고 주장한다. 이 과정의 주요 매개자들은 문화적·교육적·종교적 제도들, 가족과 자발적인 단체들이지만 이데올로기적·문화적 조직의 중심인 정치정당 또한 마찬가지다. 물론 이 과정에서 주요 매개자들은 문화와 이데올로기의 순환과 발전에 대해 전문적인 책임을 지고 있는 유기적 지식인이 된다.

그람시는 혁명적 변혁이 사회의 모든 측면들, 즉 인간 존재의 모든 차원을 포괄하여 '총체적'으로 진행되어야 진정한 것이 될 수 있다고 생각했다. 그는 부르주아 사회의 어떤 영역도 절대 계급투쟁의 바깥에 있는 것이 아니며, 미신이나 신화 같은 인간적 관심사들까지도 사회주의 정치와 무관하지 않음을 강조했다. 때문에 경제뿐만 아니라 정치, 문화, 사회적 관계, 이데올로기를 포함하는 '관계의 총체(emsemble)'를 인식하는 한, 하나를 변혁하려는 투쟁은 모든 것, 즉 총체적인 것들을 변혁하고자 하는 투쟁과 필연적으로 연결된다는 것이다. 이것이 선진 자본주의 사회를 대상으로 하는 마르크스주의 문화혁명 이론의 단초라 할 것이다.

포드주의와 수동적 혁명

『옥중수고』에 실려 있는 「미국주의와 포드주의」는 여러모로 흥미로운 논문이다. 이 글의 전제는 혁명적인 노동계급 운동이 전 세계에서 후퇴와 패배의 국면에 들어섰다는 것이다. 이처럼 대립하는 혁명적인 세력이 부재하게 되면 '수동적인 혁명'만이 일어나게 될 것이다. 하지만 그 결론 못지않게 이 글이 중요한 이유는 상황의 유동성과 모순의 복합성을 그람시가 인식했기 때문이다. 그람시는 자본주의의 새로운 발전이 낳을 모순에 어떻게 대처할 것인가 하는 문제를 던졌다.

그람시는 포드 자동차회사에서 노동자들에게 지급한 고임금이 어떠한 사회적인 의미를 지니는지에 관심을 가졌다. 그는 고임금 정책이 노동계급의 내부분화를 촉진시킬 가능성이 있다고 보았다. 즉, 기업은 평균노동시간이 동일한 조건에서 생산성을 증가시키기 위해 새로운 유형의 숙련 그리고 노동력의 양과 사용방식의 변화를 강제할 수밖에 없기 때문이다. 포드사의 고임금은 그람시의 표현대로 하면 "기업이 노동자들에게서 차별성을 요구"할 수밖에 없게 만든다는 것이다.

이런 문제 인식에서 그람시는 포드주의가 자본주의적인 생산방식의 합리화를 꾀한다는 점에서 긍정적인 면이 있다고 본다. 하지만 포드주의는 노동자 계급의식의 약화를 가져올 수 있다고 지적한다. 산업자본에서 금융자본 중심으로 자본운동이 전환하는 과정에서 자본주의적인 모순은 심화되면서도 기술발전으로 인한 물질적인 분배는 더욱 용이해져 노동계급의 체제 내 포섭이 강화되는 이중적인 현상이 나타날 수도 있기 때문이다. 다시 말해 생산력의 발전이 노동자들을 체제의 이익에 충실하게 복무하는 결과를 가져오면서 자본주의의 본래적인 모순은 더욱 은폐될 수도 있다는 지적인 셈이다.

자본주의적인 생산력의 발전이 위기를 낳는 게 아니라 자본주의 그 자체의 생존 가능성을 열어둘 수도 있다는 그람시의 지적은 미국주의에 대한 문화비평으로 더욱 강화된다. 그람시는 유럽과 미국 사회의 차이를 개인주의적인 전통의 유무에서 구한다. 유럽 사회에서 이해관계에 기초한 경제적인 개인주의는 다양한 이해집단을 형성하는 근거가 된다. 즉, 유럽에서는 성직자, 관료, 대지주, 대상인과 같이 경제적인 이해관계만을 가지고 집단을 엮기가 상당히 힘든 반면 미국에서는 간편하게 노동자와 자본가로 구분시킬 수 있다는 것이다. 즉, 구체제로부터 자유로운 미국은 자본운동의 진행에 따라 사회적인 재편이 그만큼 더욱 용이할 수도 있다고 그람시는 평가한다. 유럽과 비교하여 산업생산에 기초한 금융자본의 분배와 축적의 기제가 미국에서는 더욱 쉽게 적용되면서 미국적인 실용주의의 전통이 형성될 수 있는 토양이 마련된다.

자본주의적인 생산방식으로 포드주의가 일반화되면서 대량생산과 대량소비가 연속적으로 일어난다. 이 과정에서 노동계급의 생활방식은 '물질적인 궁핍'으로부터 벗어날 가능성이 열리게 된다. 하지만 여기서 노동자의 전투적이고 적대적인 계급의식은 시민사회적인 규범과 질서의식으로 바뀔 수도 있다. 생산방식의 변화는 노동계급에게 동전의 양면으로 작용하기 때문이다. 그람시가 '수동적인 혁명'에 대해 언급하는 것도 바로 이런 맥락에서이다. 소비에트 혁명과 같이 노동계급이 주도하여 주체적으로 '능동적인 혁명'을 이루는 것과 반대로 자본주의적인 생산방식의 변화에 순응 혹은 적응하면서 계급적인 자의식을 상실한 노동자 대중이 형성될 가능성을 그람시가 가장 먼저 본 것이다.

하지만 그 영향과 결과는 결코 일면적이지 않다. 그람시는 미국의 기업가들도 새로운 산업방식에 내재된 이러한 변증법을 잘 알고 우려하고 있다고 보았다.

> 기계화된다고 해서 그것이 인간의 정신적인 죽음을 의미하지는 않는다. 적응하기만 하면 노동자의 두뇌는 화석화되기는커녕 오히려 완벽한 자유의 상태에 도달한다. (중략) 노동자는 생각만 하는 것이 아니라, 자신이 하고 있는 작업으로부터는 결코 직접적인 만족을 구할 수 없으며 기업가들이 자신을 훈련된 원숭이로 만들려 한다는 사실을 깨달으면서 순응주의적인 생각과는 전혀 거리가 먼 여러 생각들에 잠기게 될 수도 있다.(『옥중수고 1』, 336-7쪽)

이 대목은 수십 년 뒤 해리 브레이버만의 기념비적 저작 『노동과 독점자본』의 출간과 함께 전개된 노동과정에 대한 논쟁을 앞서가고 있다는 점에서 탄복할 만하다. 브레이버만은 자동화의 진전이 노동자의 '구상과 실행을 분리'하고 결과적으로 노동자들이 단순한 객체로 전락한다고 주장했지만, 또 다른 논자들은 자본주의는 통제의 강화나 탈숙련화라는 일방적인 방향으로 움직이지 않으며 산업세계의 전반적인 이윤창출과 노사의 권력관계에 따라 다양한 전략을 구사하게 된다고 주장했다. 그람시는 포드주의 속에서 전개되는 자본주의 노동과정의 다양한 측면과 포드주의로 대표되는 새로운 미국식 생산-소비 방식이 자본주의 사회에 가져올 심대한 변화를 관찰했던 것이다.

세 가지 얼굴

몇 가지 문답

그람시의 이론과 개념들은 그의 환경과 사고체계의 특성으로 인해 대표적인 내용들조차 오용되거나 끊임없는 논쟁을 불러일으키곤 했다. 이러한 것들 중 몇 가지를 살펴본 연후에 그의 이론적인 기여를 평가하는 것이 올바를 성싶다.

첫째, '헤게모니'라는 개념이 단지 '패권'이나 '주도권'이라는 의미로 남용되는 경향이 있는데, 그람시의 저작 속에서 이 개념이 갖는 독특한 맥락은 무엇일까?

앞서 보았듯이 헤게모니는 러시아 노동운동에서 플레하노프의 저작으로까지 거슬러 올라가는 긴 역사를 갖고 있다. 하지만 이 용어는 19세기 이탈리아 철학자인 지오베르티의 저작에서 발견되는 이탈리아적인 계보를 갖기도 하는데, 그는 이용어를 이탈리아 통일과 관련하여 한 지방이 다른 지방에 대하여 행사하는 '도덕적인 우월성'을 의미하는 방식으로 사용했다. 헤게모니라는 개념은 사회주의적인 의식의 조직화에 대한 교육 및 문화의 역할과 관련하여 그람시의 초기 저작들에서 뚜렷이 나타난다. 즉, 그람시는 러시아-코민테른적인 용법을 이탈리아에 독특하게 동화시켰던 것이다. 역으로 "민중의 동의 없이 부르주아지가 어떻게 이탈리아를 지배할 수 있었는가"에 대한 물음에 대해 그들이 문화적·헤게모니적인 우월성을 갖추었기 때문이라는 답변에서 '수동적 혁명'이라는 개념이 사용되었다.

물론 이 용어의 보다 중요한 의미는 이탈리아에서 혁명적인 리소르지멘토를 일으키기 위해서는 공산당이 모든 반대세력을 끌어 모아야만 하며, 여기에 볼세비키적인 수단이 도덕적인 우월성을 얻기 위해 지오베르티적인 목적 내에서 결합되어야 한다는 것이었다.

둘째, 그람시의 저작에서 동구와 서구는 아래 표와 같이 대조적으로 규정되며 이를 두고 그람시를 '서구혁명의 이론가'로 부르기도 한다. 그렇다면 그람시의 혁명이론은 발전한 선진국가에만 적용될 수 있는가라는 의문이 남는다.

	동 구	서 구
시민사회	원시적인/무정형적인	발전된/견고한
국가	압도적인	균형적인
전략	기동전	진지전
템포	빠른	장구한

그람시는 『옥중수고』에서 동구에서는 국가가 모든 것이었던 것에 비해 서구에서는 국가와 시민사회 사이에 적절한 관계가 형성되어 있다고 하였다.

이처럼 그람시의 저작 속에서는 분명히 이러한 이항대립이 존재한다. 그러나 이것은 일정한 메타포로 읽혀져야 할 것이다. 당시의 이탈리아가 발전한 선진자본주의 또는 상대적으로 견고하고 성숙한 시민사회였다고 이야기하기는 어렵다. 게다가 「남부문제의 몇 가지 측면에 대하여」 같은 에세이에서는 이탈리아 내에서도 경제·문화적으로 단절되어 있는 남부와 부속도서 지방에도 어떻게 시민사회의 구조가 존재하며 이를 어떻게 국민적-민중적 연합을 통하여 지속적으로 극복해 나가야 하는가와 관련된 언급으로 가득하다. 결국 '진지전'이라는 표현도 그람시가 혁명의 한 모멘트 못지않게 이중권력의 전 과정에 관심을 가졌기 때문에 사용한 비유라고 하겠다.

요컨대 그람시가 동구와 서구를 비교하는 구절 바로 앞에 표현한 "지형에 대한 탐색과 시민사회의 요소들로 표현되는 참호와 요새의 요소에 대한 확인이 요구된다"는 구절의 의미를 생각해 보는 것이 중요할 것 같다. 이것은 '동구'와 '서구' 같은 식으로 사회의 성격을 손쉽게 단정하고 기계적으로 적용할 것이 아니라, 구체적인 관찰과 실천 속에서 극복의 가능성을 다각도로 탐색해 내라는 주문에 다름 아니기 때문이다.

셋째, 페리 앤더슨은 그람시가 국가와 시민사회의 관계에 대하여 세 가지 모델 사이에서 혼돈을 보인다고 지적하고 있다. 이를 어떻게 이해해야 할 것인가?

	관계(구조)
모델 1	국가 ←(정치사회)→ 시민사회
모델 2	국가 ⊃ (정치사회) 시민사회
모델 3	국가 = 시민사회 (정치사회)

1980년대 중반 그람시를 국내에 가장 먼저 본격적으로 소개한 이들 중 한 사람인 최장집 교수와 임영일 교수는 이 문제를 그람시 개념의 모호성이나 이율배반으로 보기보다는 '국가를 구성하고 있는 두 개념 간의 역동적인 관계', 즉 자본주의 사회의 특수한 형성과 발전과정에 따른 역사적인 변화의 구도로 치환할 수 있다고 본다. 이때 모델 1에서 '정치사회'는 '국가'와 '시민사회' 사이를 매개하는 독립된 정치지형으로서의 의미를 갖는다.

모델 2의 경우는 체제위기의 국면에서 '국가'가 '시민사회'

의 시민단체와 노동조직을 관할(파괴 또는 관제화)하는 국면을 지칭하며, '정치사회' 또한 형식적으로 존재하면서 국가의 관할 속에 놓이게 된다. 후발자본주의의 파시즘체제나 제3세계의 권위주의 또는 포퓰리즘 국가체제가 그러하다. 한편 모델 3은 '시민사회'의 계급관계가 '정치사회'에 온전히 투영됨으로써 '정치사회'와 '시민사회'가 구분되거나 독자적인 영역을 지닐 필요가 없게 되는, 그리고 '국가' 역시 '정치사회' 및 '시민사회'와 분리될 필요가 없는 헤게모니 국가로 해석될 수 있다. 그람시의 '통합국가'가 바로 그러한 상인데, 국가 소멸과 프롤레타리아 독재의 가장 현실적인 이론적 모델로 볼 수 있다.

넷째, 그람시는 자본주의가 공고화되면서 전투의 모델도 기동전에서 진지전으로 이동했다고 이야기하지만, 제1차세계대전 이후의 군사학에서는 오히려 기동전 또는 '전격전(Blitz Krieg)'이 압도적으로 관심을 끌고 있다. 게다가 진지전만을 고집하는 것은 급속도로 돌변하는 현대자본주의에 오히려 부적절한 것이 아닌가?

실제로 진지전은 제1차세계대전까지만 효력을 발휘했던 전술이다. 현대전에서의 기동 없는 진지전이란 포격과 폭격에 그대로 노출되는 무모한 전술일 뿐이다. 한국 사회에서 변혁이론에 대한 열기가 퇴조한 후 '진지전'에 대한 강조는 많은 경우 개량·합법주의적인 실천의 변명처럼 되어버린 감도 있다.

여기서 우리는 다시금 그람시의 맥락을 살펴야 할 것이다. 그가 줄곧 이야기하고자 한 것은 시민사회라는 참호 또는 보루의 견고함, 즉 현대 자본주의 상부구조의 복잡함이었지 진지전이라는 전술을 전달하고자 한 것은 아니었다. 그람시 자신도 "군사적인 기술과 정치 사이의 비교는 에누리하여 받아들여야 한다"고 이야기한다.

앤더슨이 진지하게 지적하듯이 주요 자본주의 국가에서 기동전을 기본으로 한 프롤레타리아 전략의 정식화는 부르주아 국가의 통일성과 효과를 망각한 채 노동계급을 정치적인 모험으로 빠뜨리게 될 것이다. 하지만 진지전을 기본으로 한 프롤레타리아 전략의 정식화 또한 혁명적인 상황의 급격하고 폭발적인 성격을 망각하게 되기 쉽기에 권력쟁취의 기회를 놓치지 않기 위한 최대한의 공격속도와 기동력은 반드시 필요하다.

그렇다면 이 질문은 오히려 현대의 진지, 참호, 보루, 도로, 보급망, 신속하고 돌발적인 상황전개에 해당하는 것이 무엇인가라라는 질문으로 바꾸어야 하겠다. 그에 대한 대답에는 정당, 노조, 언론, 향우회 조직, 인터넷까지 모든 것이 포함될 수 있을 것이다.

다양한 면모

그람시의 사상이 매우 다양하게 해석되고, 여러 방면의 성과를 낳을 수 있었던 것은 그의 이론틀이 갖는 포괄성과 깊이 때문이지만, 그의 사상이 갖고 있는 여러 면모 때문이기도 하다. 독특한 그람시 연구자인 칼 보그는 그람시의 지적·정치적인 발전을 다음의 네 개의 시기로 나눌 수 있다고 이야기한다. 1913~1919년 사이 이탈리아 사회당의 극적인 고양과 뒤이은 퇴조의 시기, 1919~1920년 사이에 『신질서』 운동과 함께 토리노의 공장점거와 평의회운동을 이끌면서 노동자들의 자발적인 정치투쟁을 이론화하고 정치지침을 제공하던 시기, 1921~1926년 사이 공산당에 참여하면서 보르디가와 같은 좌익 고립주의나 중앙파와 대항하면서 반파시즘 투쟁에 몰두하던 시기, 그리고 끝으로 1926년 투옥 이후 죽을 때까지 정치적인 고립과 가족과의 불화를 감내하면서도 방대한 주제에 걸친 이론작업을 진행하던 시기가 그것이다.

칼 보그는 이 네 시기가 대략적으로 그람시의 세 가지 얼굴, 즉 평의회 공산주의 내지 혁명적인 공산주의자라는 면모, 레닌주의자로서의 면모, 서구 마르크스주의자로서의 면모를 갖는 시기에 대응한다고 이야기한다. 1919~1920년 사이의 '붉은 2년'은 그로 하여금 평의회 경험을 통해 대중민주주의적인 충동들에 구체적이고 제도적인 함의를 부여할 수 있는 사회변형의 개념을 발전시키도록 했다. 이 시기에 그는 소위 과학적인 유물론의 결정론적인 자세를 비판하면서 혁명적인 정치는 대중의 자율적인 활동으로부터 나와야 한다고 보았다.

이는 로자 룩셈부르크와 가까운, 그리고 레닌과는 다소 먼 ─ 또는 차라리 레닌주의를 넘어서는 ─ 노선이었을 것이다. 국가권력을 획득하기 위해 구성되는 고도로 조직화된 전위정당이라는 관점은 보르디가의 것이었고, 그람시가 품고 있던 프롤레타리아 정치의 상은 평등주의적이고 비관료적인 사회와 권위관계들의 영역을 점차 확장시킴으로써 새로운 공산주의 사회를 예시할 수 있는 대중투쟁의 유기적인 과정이었다. 「노동자 민주주의」와 같은 글에서 발견되는 이러한 사회주의의 '예시적' 차원은 네덜란드의 판네쾨크, 고르터 등 동시대 유럽의 평의회 공산주의자들과의 어떤 상응성을 암시한다.

하지만 평의회운동의 실패 및 파시즘의 홍기와 함께 그람시의 입장은 변하여, 갓 태어난 이탈리아 공산당의 지도부를 맡게 된 1921년 이후에는 「무엇을 할 것인가」의 전위주의자 레닌에 좀더 가까워졌음이 분명하다. 그는 위계적인 통제, 철저한 규율, 폐쇄적인 멤버십과 같은 코민테른의 규칙을 받아들였다. 그람시에게 있어 당의 볼세비키화야말로 파시즘과 투쟁하면서 사회주의적인 정체성을 보존하는 유일한 희망이었던 것이다. 그러나 보르디가와의 논쟁에서 그는 엄격한 기간요원들의 조직보다는 대중적인 정당을 지속적으로 옹호했으며, 레닌이 소비에트 정당 내의 분파를 금지시켰을 때에도 내부적 민주화를 지지했고, 무엇보다도 당의 관료화에 대한 견제로서 노동자 농민위원회들의 성장과 세포의 광범한 구축을 고무했다. 이는 분명 평의회운동 때 형성된 관점일 것이다.

그람시의 점증하는 자코뱅주의는 『옥중수고』로 이어지며, 여기서 레닌은 총체적인 목적을 위해 정치적인 행동의 우위성을 확신한 대담하고 창의적인 사상가로서 마키아벨리의 현대적인 상응으로 나타난다. 그러나 여기서도 그의 현대의 군주는 국가권력의 장악을 위해 가동되는 전투기구라기보다는 '진지전'의 일부로서 시민사회 내에서 이데올로기적인 교육을 수행하도록 고안된 '집합적인 지성'에 가까운 것이다. '헤게모니', '사회적 블록', 특히 '유기적 지식인' 등 그의 주요 개념들은 여전히 초기의 혁명적 민주주의의 함의를 잃지 않고 있다.

『옥중수고』에서 자코뱅주의는 재평가되어, 도시와 농촌, 농민과 노동자들을 결집시키는 국민적·민중적 연합의 지도력을 뜻하는 적극적 의미가 부여되었다. 그람시는 레닌의 「사회민주주의자의 두 가지 전술」에서 자신의 생각과 일맥상통하는 점을 발견했던 것이다.

한편 그에 대한 '서구 마르크스주의자'로서의 해석은 우선 『옥중수고』에서 발견되는 관심사들, 즉 '이데올로기적인 지배', '문화적인 투쟁', '의식' 등과 같은 테마들에 대한 논의가 발굴되면서 비롯되었다. 또한 '총체성', '변증법', '실천' 등과 같은 신헤겔주의적인 주제들이 그를 다시 읽게 하는 계기가 되기도 했다. 1970년대에 들어서는 유로코뮤니스트로서의 면모까지 그에게 덧씌워지게 된다.

그러나 이러한 다양한 면모 역시 그람시의 통합된 측면들의 일부분들에 불과하며, 그의 지적·정치적인 일관성은 여전히 추적 가능하다. 예를 들어 알튀세르가 마르크스를 청년 마르크스와 후기 마르크스, 또는 헤겔적 마르크스와 과학적 마르크스로 나눈 것과 같은 식으로 그람시를 단계적으로 구분하는 것은 무의미한 일이다.

평지돌출적 존재

그람시의 생애가 극적인 것이었다고 해서 그것이 후대가 그를 기억할 주된 이유는 아니다. 가장 중요한 평가지점은 그가 이론적으로나 실천적으로 고전적 마르크스주의의 한 정점을 이루었던 인물이었다는 점일 것이다.

1920년대 말 이후 러시아 혁명이 타락하면서 거의 모든 코민테른 공산당이 스탈린주의화되었으며, 페리 앤더슨이 지칭한 바와 같은 '서구 마르크스주의'는 현실정치에서 급속히 후퇴하게 된다. 이와 같이 앞이 막혀버린 상황이 계속되자 역사유물론의 전통에서 가장 중요하게 여겨졌던 문제, 즉 하나의 생산양식으로서의 자본주의의 경제운동법칙에 대한 정밀한 탐구, 부르주아 국가의 정치기구에 대한 분석, 그리고 이행을 위한 계급투쟁의 전략 등에 대해서는 고의적인 침묵이 행해지게 되었다.

그람시는 이러한 전반적인 추세에서 유일한 예외였는데, 논리적으로 볼 때 그만이 이론과 실천의 혁명적인 통일을 구현시켰기 때문이었다. 1919~1920년 이탈리아 노동자봉기를 경험했다는 사실, 그리고 1924~1926년의 2년 동안 공산당 내에서 조직의 책임자로 있었다는 사실 등은 그가 오랫동안 투옥되어 있던 기간에도 그의 사상이 창조력을 상실하지 않도록 해주는 원천으로 작용하였다. 그람시가 루카치, 코르쉬와 함께 서구 마르크스주의의 창시자로 알려져 있지만, 확실히 그는 서구 마르크스주의 내에서도 평지돌출(平地突出)적인 존재 였음에 분명하다.

또한 감옥생활은 외부에서 진행되던 스탈린주의화의 사상 적인 영향력으로부터 그를 보호하기도 했다. 물론 그것이 그 를 서서히 죽음으로 몰아갔고, 국제 사회주의운동의 퇴행이 일어난 중요한 시기 동안 그의 현실개입을 배제한 것도 사실 이다.

그람시 자신의 옥중저술은 장기간에 걸친 파시즘 치하에서 잉태한 것이었다. 『옥중수고』가 처음 발견되어 간행된 것은 1947~1949년 사이였는데 그 저술이 가져다 준 충격은 이탈 리아 공산당 내에서뿐만 아니라 밖에서도 엄청난 것이었다. 하지만 역설적이게도 그람시의 사후에 그의 저작이 이탈리아 공산당의 경전으로 취급되자 그가 이탈리아 마르크스주의에 이론적으로 남겨놓았던 유산은 생명력을 상실하게 되었다. 그 람시라는 인물이 공식행사에서 거론되면서 당의 공식적인 이 데올로기적인 우상으로 바뀌게 된 반면, 그의 실제 저술들은 조작되거나 무시된 것이다.

이러한 상황은 1960년대 영어권과 불어권에서 그람시가 '재 발견'될 때까지 계속되었다. 그러나 이후에도 그람시 당대의 상황과 맥락에 충실한 해석이 1970년대 흥기했던 유로코뮤니 즘이나 여타 우익적인 해석보다 우세했다고 하기는 어려울 것 이다. 예를 들어 "사회주의로의 이탈리아적인 길" 같은 프로 그램에서 그람시의 아이디어가 중요한 바탕을 이룬 것은 분명하지만, 유로코뮤니즘은 그 구체적인 전개와 투쟁 속에서 그 람시를 환기하지 않았고 부르주아 제도의 헤게모니에 굴복하고 말았다. 앤더슨의 표현을 빌자면 그에 대한 후세의 대접은 '향(香)과 먼지가 뒤섞인' 기묘한 것이었다.

그람시의 유산

영향과 평가

이제 그람시에게 덮여진 향과 먼지를 걷어내고 그의 현재적인 의미를, 그의 이론적인 기여를 조망해 보아야 하겠다. 1960년대 이후, 그리고 1980년대 말 동구권이 몰락한 직후에 그가 다시 주목받았던 가장 큰 이유는 대략 다음과 같은 것이었다.

그는 동시대의 다른 마르크스주의자들과는 달리 자본주의 체제의 강점을 철저히 인식했던 거의 유일한 혁명가였으며 정치와 이데올로기의 상대적인 독자성을 이해하고 마르크스주의에서 공백으로 남아 있던 정치학의 영역을 구축한 독창적인 이론가였다. 다음으로 그는 처음부터 "자본에 반한 혁명"인 러시아 혁명의 열렬한 지지자였고, 동시에 스탈린주의 소연방의 퇴행과 당의 체제도구화를 외부에서 비판할 수 있는 자원을 발전시켰다. 또한 당시 유럽의 일부이되 그 변방이었던 이탈리아의 특수성과 보편성을 함께 통찰해 냄으로써 선진국의 혁명모델과 제3세계 혁명론에 다같이 풍부한 함의를 던져준 사상가였다.

때문에 그람시 자신의 철학과 이론의 폭만큼이나 그의 영향력은 네오-레닌주의자로부터 포스트마르크스주의자에 이르기까지 다양하게 걸쳐 있다. 국가론에 정통한 정치학자 크리스틴 부시-글룩스만이나 역사학자 존 카메트가 그람시 좌파에 해당한다면 조셉 페미아, 노르베르토 보비오, 에르네스트 라클라우 등은 그람시 우파라 할 수 있겠다.

에드워드 P. 톰슨이나 에릭 홉스봄 같은 역사학자들은 '아래로부터의 역사'를 쓰는 작업에서 그를 재발견하고 이를 창조적으로 수용했다. 루이 알튀세르는 『자본을 읽자』에서 그를 간략히 언급하고 있지만, 페리 앤더슨이나 스튜어트 홀 등 『신좌파평론』지 안팎의 인사들은 알튀세르의 구조주의에 입각하면서도 그람시의 개념들을 적극 전유하고자 했다. 그람시의 사상은 니코스 플란차스의 국가이론으로 한 정점을 이루기도 했다. 최근에는 문화연구(폴 윌리스), 조절이론(봅 제숍), 계급형성이론(마이클 뷰라보이), 국제정치이론(로버트 콕스) 등 많은 영역에서 그람시의 방법론을 이용하여 생산적인 결과물을 보여주고 있다.

특히 '문화연구'의 대명사로 알려진 영국 버밍엄대학 현대문화연구소(CCCS)는 이 대목에서 특기할 만하다. 현대문화연구소는 톰슨, 윌리엄즈, 호가트로 대표되는 1950년대의 영국 신좌파 흐름에서 출발했는데, 문학적인 색채를 짙게 드리우면서 넓은 의미에서 정서구조(structure of feeling)와 관련된 연구에 집중했던 초기와 달리 1960년대 후반 이후에는 알튀세르주의의 아이디어를 상당 부분 받아들이게 된다. 하지만 영국 문화연구 1세대들과 기본적으로 연속선상에 놓여 있기에 구조주의적인 설명에 완전히 함몰되지는 않았던 이들이 1970년대 중반 이후에는 문화주의와 구조주의를 매개할 수 있는 인물로 그람시에 주목했다.

스튜어트 홀의 지적 궤적 역시 노동계급의 능동적인 문화 생산에 주목하는 문화주의 및 의미작용과, 이데올로기에 대한 구조주의적인 문제틀의 비판적 수용, 그리고 양자를 헤게모니와 국면 분석 등에 관한 그람시 이론을 통하여 종합하려는 시도로 축약될 수 있다. 홀은 이러한 틀에 기초하여 미디어, 하위문화, 포스트모더니즘, 정체성 및 대처리즘에 대한 국면분석 등 다양한 주제에 관한 연구를 개척했다.

그람시 사상을 적극적으로 활용한 또 하나의 사례로 인종-종족-민족 문제에 관한 독창적 작업을 행한 에드워드 사이드를 기억할 필요가 있겠다. 오리엔탈리즘 분석으로 우리에게 익히 알려진 사이드는 자신의 방법론적인 기반 중 하나로 그람시를 활용하면서, 시간성을 중심문제로 삼고 있는 루카치와 달리 그람시는 지형, 영역, 블록, 지역 같은 지리적인 용어들로 역사적인 현실을 탁월하게 파악하였다고 지적하였다. 그간 마르크스주의가 간과한 측면 중 하나인 공간적-지리적 불평등과 위계제에 대한 비판적인 감각을 회복하는 데 그람시가 중요한 자극제가 될 것이라는 주장이다.

이처럼 그람시 사상에 대한 충실한 규명과 현대적인 확장은 여전히 가능성의 영역으로 남아 있다. 그람시의 저작은 이미 완성되어 있는 정통 마르크스주의라는 체계에 다는 '주석'이나 이미 잘 알려진 '진리들'의 확인과는 거리가 멀다. 그람시는 마르크스주의에 담긴 통찰들 중 많은 부분을 새로운 문제와 조건들을 향해 진전시킨 진정으로 '열려 있는' 마르크스주의를 실천했으며, 무엇보다도 그의 저작은 우리가 현대 세계에서 조우하게 되는 복잡한 사회현상들을 마르크스주의를 통해 설명할 수 있는 개념들을 작동시키는 방식을 보여주었다.

한국에서의 그람시

이제까지 한국에서의 그람시 수용사를 일별해 보면, 그것은 반쪽짜리였다고 하지 않을 수 없다. 특히 소개된 저술로 보면 주로 『옥중수고』의 그람시만을 접할 수 있었다. 『옥중수고』가 그의 가장 성숙하고도 축약적인 사상을 담고 있음은 분명하지만 무솔리니의 감옥이라는 조건은 검열의 위협과 정보의

제한으로 서술방식을 크게 제약했다. 또한 파시즘의 흥기라는 당시의 상황은 그의 관심을 특정한 방향으로, 즉 부르주아 국가의 견고성을 해명하는 쪽으로 이끌었다.

그러나 그의 사상의 다양한 면모들, 저작으로는 전기와 후기, 정치학적으로는 프롤레타리아트의 능동성과 선진자본주의 계급지배의 유연성, 조직론적으로는 공장평의회와 혁명정당, 사회구성체 차원에서는 토대와 상부구조의 강조 사이에서 존재하는 긴장들은『옥중수고』만으로는 포착되기 어렵다. 한국의 진보적인 학계에서는 대체로 1990년대 초반에 있었던 변혁운동의 퇴조를 부르주아 이데올로기적인 헤게모니의 다차원성 또는 이른바 시민사회의 견고함으로 설명하거나, 대중정당의 필요성 속에서 레닌의 당 이론에 대한 대안으로 그람시의 후기 저작들을 선택적으로 원용했다고 보여지는데, 이 또한 충분한 깊이를 가진 것은 아니었다.

이미 1980년대 중반에 임영일 교수는 그람시의 사상을 의회주의적이고 다원주의적인 부르주아 정치체제의 지형 위에서 전개되는 각 집단들 간의 파워게임으로 환원시켜 해석하는 경향의 문제점을 지적하였다. 이와 더불어 그는 "이행의 문제 틀로 수렴하는" 그람시 사상의 역동적이고 변증법적인 성격을 제대로 이해하기 위해서는 그람시 연구에서 미약한 부분, 즉 공장평의회 활동기와 파시즘 치하의 정당투쟁기에 대한 분석이『옥중수고』에 대한 분석과 유기적으로 통합되어야 함을 주장한 바 있다.

이러한 저작섭렵의 편중성 말고도 지적되어야 할 부분이 수용의 단편성이다. 1980년대 중반 최장집, 임영일, 김성기 선생 등에 의해 처음 그람시가 소개되었을 때 그 수준과 깊이는 상당한 것이었다. 그러나 이후에 마르크스-레닌주의 원전이 대량 유입되고 그것의 기계적이고 스탈린주의적인 해석이 득세하면서 그람시의 이론은 개량적인 네오마르크스주의 정치학의 일부로 치부되어 현실의 투쟁과는 전혀 결합될 수 없었다.

1990년대 초반은 그람시에 대한 극심한 남용과 오용의 시기였다. 낡은 급진주의 운동을 혁신하자는 몇몇 정치세력은 대부분 그람시의 개념들 중의 몇 가지만을 선택하여 수사학적으로 이용하였을 뿐이고, 그마저도 그람시의 맥락과는 거리가 있는 것들이었다. 결국 그람시는 다시 한 번 먼지를 뒤집어쓰고 퇴장하는 듯이 보였다. 그러나 1990년대 중반 이후 문화연구나 계급형성연구, 교육이론 등에서 조용히 진행된 작업들이 눈에 띈다. 그럼에도 불구하고 그람시에 대한 이해와 해석을 넘어 이를 우리 사회에 대한 이해와 투쟁에 마음껏 전유(專有)하는 길은 아직 먼 듯하다.

여기서 그람시 전유의 세 가지 수준을 나누어 보는 것이 유용할 것 같다. 첫째로 그람시의 몇몇 개념들과 메타포만을 응용하는 수사학적 수준의 수용이 있고, 둘째로는 그의 이론을 정치전술의 차원에서 부분적으로 수용하는 방식이 있으며, 마지막으로 전략의 혁신과 풍부화의 차원에서 그람시를 전유하는 수준이 있을 수 있겠다. 이렇게 볼 때 우리가 그람시를 알고자 하기는 할지언정 우리에게 '그람시주의'라는 것이 있는 가라는 질문은 여전히 뼈아픈 것이다. 이탈리아, 프랑스, 영어권의 수용 사례들, 그리고 남미 좌파 정치에 녹아든 그람시주의와 비교해 보면 더욱 그러하다. 그러나 한국 사회에서 이제야 시작된 진보정당의 진출, 노동계급 내의 다양성 증대, 새로운 양상으로 진행되는 지역갈등과 시민사회 내의 분열, 남북관계의 전개 등은 그람시의 사상에서 더욱 많은 함의를 찾게 만들 것 같다.

그람시주의의 영원한 현재성

양차대전 사이에 활약했던 이 이탈리아 공산주의자에 대하여 우리는 제법 알고 있다고 여긴다. 함께 살펴보았듯이 그는 요절한 곱사등이 혁명가였고, 이탈리아 공산당의 아버지였으며, 당대 마르크스주의자들의 편협성과 불구성을 극복하고 저 유명한 『옥중수고』로 마르크스주의에 수많은 자양분을 공급한 독특한 이론가였다.

그러나 그의 독특한 인생사와 비범한 이론적인 유산들에 대한 가십적인 관심을 넘어 그의 선지적인 작업이 갖는 의미를 우리가 충분히 '이해'하는가라는 질문에 쉽게 답을 내릴 수는 없을 것이다. 나아가 우리의 매일매일의 싸움 속에서 그의 사상을 날줄과 씨줄의 일부로 삼고 있는가 하는 질문에 대해서는 더욱 그러할 것이다. 그러나 마르크스주의 운동의 역사 속에서 그람시만큼 현재의 실천에서 쓰임새가 많은 사상가도 드물 것이라는 생각을 하고 보면, 그에 대한 대중적인 이해와 관심의 부족이 안타깝게 다가온다.

그람시는 올바른 판단만을 행하는 무오류의 혁명가가 아니었다. 역사적인 승패라는 잣대로 보면 그는 실패한, 패배한 혁명가인지도 모른다. 그의 저작도 완결적인 저술보다는 난삽하고 단편적인 글들로만 남아 있을 뿐이다. (물론 그것은 환경의 제약 탓이기도 했지만, 그가 한 번도 놓지 않았던 현실 정치적인 관점과 특유의 '열린' 체계에 기인한 결과이기도 했다.)

그러나 68혁명에서, 유럽과 중남미의 좌파 정치에서, 해방신학과 교육학에서, 대항문화를 추구하는 미디어와 저널들에서, 그리고 여성주의 운동과 각종 소수자 운동에서 그람시와 그람시주의 정치는 어떨 때는 그의 이름을 달고 또 어떨 때는 아무런 표식도 없이 불쑥불쑥 모습을 드러내기도 하고 녹아서 흐르기도 한다. 신자유주의와 전쟁의 21세기 초엽의 복잡다단한 세계 속에서 숨쉬고 또 투쟁하고 있는 이들에게 그람시는 여전히 미래를 바라보는 망원경이다.

그런 점에서 그는 성공한 투사인지도 모른다. 겸손하고 진지하며 늘 큰 것을 먼저 보려 했던 그가 그다지 개의할 일은 아닐 터이지만 말이다.

참고문헌

안토니오 그람시, 이상훈 옮김, 『옥중수고 1 – 정치편』, 거름, 1986.

_____, 이상훈 옮김, 『옥중수고 2 – 철학·역사·문화편』, 거름, 1993.

_____, 김현우·장석준 옮김, 『옥중수고 이전』, 갈무리, 2001.

_____, 『감옥에서 보낸 편지』, 민음사, 2000.

로버트 보콕, 이향순 옮김, 『그람시 헤게모니의 사회이론』, 학문과사상사, 1991.

앤 쇼우스탁 사쑨 편저, 최우길 옮김, 『그람시와 혁명전략』, 녹두, 1984.

월터 아담슨, 권순홍 옮김, 『헤게모니와 혁명 – 그람시의 정치이론과 문화이론』, 학민사, 1986.

주세페 피오리, 신지평 옮김, 『그람시 – 어느 혁명가의 생애와 사상』, 1991.

칼 보그, 강문구 옮김, 『다시 그람시에게로』, 한울, 1991.

페리 앤더슨, 장준오 옮김, 『서구 마르크스주의 연구』, 이론과실천, 1987.

페리 앤더슨 외, 김현우·신진욱·허준석 편역, 『안토니오 그람시의 단충들』, 갈무리, 1995.

김종법, 『이탈리아 노동운동의 이해』, 한국노동사회연구소, 2004.

임영일, 「그람시의 헤게모니론과 이행의 문제틀」, 임영일 편저, 『국가 계급 헤게모니』, 풀빛, 1985.

최장집, 「그람시의 헤게모니 이론」, 『한국현대정치의 구조와 변화』, 까치, 1989.

안토니오 그람시 옥중수고와 혁명의 순교자

펴낸날	초판 1쇄 2005년 5월 4일
	초판 6쇄 2017년 1월 20일

지은이	김현우
펴낸이	심만수
펴낸곳	(주)살림출판사
출판등록	1989년 11월 1일 제9-210호

주소	경기도 파주시 광인사길 30
전화	031-955-1350　팩스　031-624-1356
홈페이지	http://www.sallimbooks.com
이메일	book@sallimbooks.com

ISBN	978-89-522-0373-1　04080
	978-89-522-0096-9　04080(세트)

※ 값은 뒤표지에 있습니다.
※ 잘못 만들어진 책은 구입하신 서점에서 바꾸어 드립니다.

026 미셸 푸코 `eBook`

양운덕(고려대 철학연구소 연구교수)

더 이상 우리에게 낯설지 않지만, 그렇다고 손쉽게 다가가기엔 부담스러운 푸코라는 철학자를 '권력'이라는 열쇠를 가지고 우리에게 열어 보여 주는 책. 권력은 어떻게 작용하는가에서 논의를 시작하여 관계망 속에서의 권력과 창조적·생산적·긍정적인 힘으로서의 권력을 이야기해 준다.

027 포스트모더니즘에 대한 성찰 `eBook`

신승환(가톨릭대 철학과 교수)

포스트모더니즘의 역사와 논의를 차분히 성찰하고, 더 나아가 서구의 근대를 수용하고 변용시킨 우리의 탈근대가 어떠한 맥락에서 이해되는지를 밝힌 책. 저자는 오늘날 포스트모더니즘으로 대변되는 탈근대적 문화와 철학운동은 보편주의와 중심주의, 전체주의와 이성 중심주의에 대한 거부이며, 지금은 이 유행성의 뿌리를 성찰해 볼 때라고 주장한다.

202 프로이트와 종교 `eBook`

권수영(연세대 기독상담센터 소장)

프로이트는 20세기를 대표할 만한 사상가이지만, 여전히 적지 않은 논란과 의심의 눈초리를 받고 있다. 게다가 신에 대한 믿음을 빼앗아버렸다며 종교인들은 프로이트를 용서하지 않을 기세이다. 기독교 신학자인 저자는 이 책을 통해 종교인들에게 프로이트가 여전히 유효하며, 그를 통하여 신앙이 더 건강해질 수 있다는 점을 보여 주려 한다.

427 시대의 지성 노암 촘스키 `eBook`

임기대(배재대 연구교수)

저자는 노암 촘스키를 평가함에 있어 언어학자와 진보 지식인 중 어느 한 쪽의 면모만을 따로 떼어 이야기하는 것은 불합리하다고 말한다. 이 책에서는 촘스키의 가장 핵심적인 언어이론과 그의 정치비평 중 주목할 만한 대목들이 함께 논의된다. 저자는 촘스키 이론과 사상의 본질에 다가가기 위한 이러한 시도가 나아가 서구 사상을 받아들이는 우리의 자세와도 연결된다고 믿고 있다.

024 이 땅에서 우리말로 철학하기

이기상(한국외대 철학과 교수)

우리말을 가지고 우리의 사유를 펼치고 있는 이기상 교수의 새로운 사유 제안서. 일상과 학문, 실천과 이론이 분리되어 있는 '궁핍의 시대'에 사는 우리에게 생활세계를 서양학문의 식민지화로부터 해방시키고, 서양이론의 중독으로부터 벗어나야 한다고 역설한다. 저자는 인간 중심에서 생명 중심으로의 변화와 관계론적인 세계관을 담고 있는 '사이 존재'를 제안한다.

025 중세는 정말 암흑기였나 eBook

이경재(백석대 기독교철학과 교수)

중세에 대한 친절한 입문서. 신과 인간에 대한 중세인의 의식을 다루고 있는 이 책은 어떻게 중세가 암흑시대라는 일반적인 인식을 가지게 되었는지에 대한 물음을 추적한다. 중세는 비합리적인 세계인가, 중세인의 신앙과 이성은 어떠한 관계를 갖고 있는가 등에 대한 논의를 하고 있다.

065 중국적 사유의 원형 eBook

박정근(한국외대 철학과 교수)

중국 사상의 두 뿌리인 『주역』과 『중용』을 철학적 관점에서 접근한다. '산다는 것은 무엇인가?'라는 근원적 질문으로부터 자생한 큰 흐름이 유가와 도가인데, 이 두 사유의 흐름을 거슬러 올라가다 보면 그 둘이 하나로 합쳐지는 원류를 만나게 된다. 저자는 『주역』과 『중용』에 담겨 있는 지혜야말로 중국인의 사유세계를 지배하는 원류라고 말한다.

076 피에르 부르디외와 한국사회 eBook

홍성민(동아대 정치외교학과 교수)

부르디외의 삶과 저작들을 통해 그의 사상을 쉽게 소개해 주고 이를 통해 한국사회의 변화를 호소하는 책. 저자는 부르디외가 인간의 행동이 엄격한 합리성과 계산을 근거로 행해지기보다는 일정한 기억과 습관, 그리고 사회적 전통에 영향을 받는다는 사실로부터 시작한다는 점을 강조한다.

096 철학으로 보는 문화 `eBook`

신응철(숭실대 인문과학연구소 연구교수)

문화와 문화철학 연구에 관심 있는 사람을 위한 길라잡이로 구상된 책. 비교적 최근에 분과학문으로 등장하기 시작한 문화철학의 논의에 반드시 들어가야 할 요소를 선택하여 제시하고, 그 핵심 내용을 제공한다. 칸트, 카시러, 반 퍼슨, 에드워드 홀, 에드워드 사이드, 새무얼 헌팅턴, 수전 손택 등의 철학자들의 문화론이 소개된다.

097 장 폴 사르트르 `eBook`

변광배(프랑스인문학연구모임 '시지프' 대표)

'타자'는 현대 사상에 있어 가장 중요한 개념 중 하나이다. 근대가 '자아'에 주목했다면 현대, 즉 탈근대는 '자아'의 소멸 혹은 자아의 허구성을 발견함으로써 오히려 '타자'에 관심을 갖게 되었다. 그리고 타자이론의 중심에는 사르트르가 있다. 사르트르의 시선과 타자론을 중점적으로 소개한 책.

135 주역과 운명 `eBook`

심의용(숭실대 강사)

주역에 대한 해설을 통해 사람들의 우환과 근심, 삶과 운명에 대한 우리의 자세를 말해 주는 책. 저자는 난해한 철학적 분석이나 독해의 문제로 우리를 데리고 가는 것이 아니라 공자, 백이, 안연, 자로, 한신 등 중국의 여러 사상가들의 사례를 통해 우리네 삶을 반추하는 방식을 취한다.

450 희망이 된 인문학 `eBook`

김호연(한양대 기초 · 융합교육원 교수)

삶 속에서 배우는 앎이야말로 인간의 운명을 바꿀 수 있는 기회를 준다. 그래서 삶이 곧 앎이고, 앎이 곧 삶이 되는 공부를 하는 것이 무엇보다 중요하다. 저자는 인문학이야말로 앎과 삶이 결합된 공부를 도울 수 있고, 모든 이들이 이 공부를 할 수 있어야 한다고 믿는다. 특히 '관계와 소통'에 초점을 맞춘 인문학의 실용적 가치, '인문학교'를 통한 실제 실천사례가 눈길을 끈다.

eBook 표시가 되어있는 도서는 전자책으로 구매가 가능합니다.

㈜살림출판사
www.sallimbooks.com
주소 경기도 파주시 문발동 522-1 | 전화 031-955-1350 | 팩스 031-955-1355